INVERSIÓN EN CRIPTOMONEDAS

Liberar el Potencial de la Riqueza Digital:
Una Hoja de Ruta para Invertir con éxito en Criptomonedas

MARIO VARGAS

Tabla de Contenidos

INTRODUCCIÓN

Bienvenido a "Inversión en criptomonedas: desbloqueando el potencial de la riqueza digital: una hoja de ruta para una inversión exitosa en criptomonedas". En este libro electrónico, exploraremos las oportunidades y los desafíos que las criptomonedas brindan a los inversores como usted mientras viajamos por el intrigante mundo de las criptomonedas.

Las criptomonedas se han desarrollado como una clase revolucionaria de activos digitales que utilizan la tecnología cadena de bloques. En los últimos años, han atraído mucha atención y popularidad, captando el interés de inversores, empresarios y entusiastas de la tecnología de todo el mundo. Desde entonces, han aparecido innumerables criptomonedas más, cada una con sus propias cualidades y posibilidades distintivas. Bitcoin, la primera criptomoneda descentralizada, allanó el camino para una nueva era de innovación financiera.

La inversión en criptomonedas puede ser un esfuerzo emocionante y fructífero, pero no está exento de desafíos. Exige información, un plan y una reflexión cuidadosa, como cualquier inversión. Con la ayuda de este libro electrónico, debería poder navegar con éxito por el mundo de la inversión en criptomonedas.

Examinaremos una variedad de facetas de la inversión en criptomonedas a lo largo de este libro electrónico. Comenzaremos con la comprensión de los conceptos básicos de las criptomonedas, incluida su definición, características y una breve historia de desarrollo. Analizaremos las ventajas que brindan y los riesgos asociados, brindándole el conocimiento que necesita para tomar decisiones financieras acertadas.

Utilizar el análisis fundamental y técnico al invertir en criptomonedas es esencial. Te guiaremos a través del análisis de las criptomonedas en función de su tecnología subyacente, el equipo de desarrollo, la tokenómica y las consideraciones del mercado. Además, le expondremos los métodos y herramientas de análisis técnico que pueden utilizarse para detectar los puntos de entrada y salida del mercado, las tendencias y los niveles de soporte y resistencia.

Para crear una cartera diversa, es crucial comprender los muchos tipos de criptomonedas. Hablaremos de las monedas alternativas (altcoins), las stablecoins y las criptomonedas de nicho con casos de uso particulares, además de ofrecer una visión general de las criptomonedas más populares como Bitcoin y Ethereum. Gracias a este conocimiento, podrá elegir inversiones que se ajusten a sus objetivos de inversión y tolerancia al riesgo.

Para el éxito a largo plazo, es esencial desarrollar una estrategia de inversión en criptomonedas. Hablaremos de una variedad de enfoques y factores, incluida la diversificación de la cartera, la inversión a largo plazo frente a la inversión a corto plazo, el promedio del costo en dólares y el momento del mercado. También hablaremos de lo importante que es utilizar exchanges de criptomonedas de buena reputación y monederos seguros para proteger tus activos digitales.

Las ofertas iniciales de monedas (ICO) y las ventas de tokens son lugares cada vez más atractivos para invertir. Con el fin de reducir los riesgos relacionados con esta opción de inversión, lo guiaremos a través del proceso de evaluación de las empresas ICO, la comprensión de los documentos técnicos y la consideración de las consideraciones legales y regulatorias.

Para obtener los máximos rendimientos, la gestión de sus inversiones en criptomonedas es esencial. Repasaremos los métodos para realizar un seguimiento y vigilar su cartera, el reequilibrio, las implicaciones fiscales y la creación de una estrategia de salida para garantizar los beneficios.

Navegar por la volatilidad del mercado y el entorno en constante cambio puede ser un desafío. Discutiremos los patrones del mercado, el análisis de noticias y las estrategias para identificar el fraude y la manipulación. Para mejorar su conocimiento y toma de decisiones, también se examinará la construcción de una red y la interacción con la comunidad activa de criptomonedas.

Por último, echaremos un vistazo a cómo podría desarrollarse la inversión en criptomonedas en el futuro examinando nuevas tendencias como las finanzas descentralizadas (DeFi), los tokens no fungibles (NFT), las monedas digitales de los bancos centrales (CBDC) y las tecnologías innovadoras.

Tendrá una base sólida y consejos útiles para comenzar su viaje de inversión en criptomonedas al final del libro electrónico. Recuerde que la inversión efectiva en criptomonedas requiere aprendizaje permanente, flexibilidad y conciencia del entorno cambiante. Comencemos juntos este emocionante viaje dándonos cuenta de las posibilidades de la riqueza digital.

CAPÍTULO I

Entendiendo las Criptomonedas

Definición y Características de las Criptomonedas

Las criptomonedas se han convertido en una fuerza disruptiva en el mundo financiero, cautivando la imaginación de individuos, empresas y gobiernos por igual. Las criptomonedas, que son activos digitales basados en la tecnología cadena de bloques, tienen cualidades especiales que las distinguen de las formas convencionales de moneda. En esta sección, exploraremos la definición de criptomonedas y profundizaremos en las características fundamentales que han impulsado su rápida adopción y popularidad.

Las monedas digitales o virtuales conocidas como criptomonedas utilizan métodos criptográficos para asegurar las transacciones y limitar la creación de nuevas unidades. A diferencia de las monedas fiduciarias tradicionales emitidas por los gobiernos, las criptomonedas están descentralizadas y operan con tecnología de contabilidad distribuida, comúnmente conocida como cadena de bloques. Esta naturaleza descentralizada es una característica definitoria de las criptomonedas, ya que elimina la necesidad de intermediarios como bancos y gobiernos para facilitar las transacciones.

Una de las principales características de las criptomonedas es su naturaleza descentralizada. Las monedas tradicionales dependen de autoridades centralizadas, como los bancos centrales, para emitir y regular la oferta de divisas. Las criptomonedas, por el contrario, operan en redes descentralizadas de computadoras llamadas nodos que están dispersas por todo el mundo. La descentralización aumenta la transparencia, la seguridad y la inmutabilidad al garantizar que ninguna institución tenga autoridad total sobre la moneda.

La tecnología cadena de bloques, un libro de contabilidad descentralizado e inmutable que se utiliza para registrar todas las transacciones, es la base sobre la que se basan las criptomonedas.

La cadena de bloques se compone de una serie de bloques interconectados, cada uno de los cuales tiene una lista de transacciones verificadas. Esta naturaleza transparente y a prueba de manipulaciones de la cadena de bloques garantiza que las transacciones no se puedan alterar o revertir fácilmente, lo que proporciona una alta seguridad y confianza en el ecosistema de las criptomonedas.

Las criptomonedas emplean técnicas criptográficas avanzadas para asegurar las transacciones y controlar la creación de nuevas unidades. La criptografía de clave pública se utiliza para generar firmas digitales únicas para cada transacción, lo que garantiza la autenticidad y la integridad. Además, las funciones hash criptográficas se utilizan para crear representaciones matemáticas irreversibles de los datos de las transacciones, lo que hace que sea prácticamente imposible manipular el historial de transacciones.

La mayoría de las criptomonedas tienen un límite de suministro predeterminado, lo que significa que se puede crear un número máximo de unidades. Esta oferta limitada a menudo se establece a través de mecanismos como eventos de reducción a la mitad o calendarios de emisión fijos. La primera y más conocida criptomoneda, Bitcoin, tiene un suministro finito de 21 millones de monedas. Este atributo de escasez le da a las criptomonedas el potencial de preservar el valor a lo largo del tiempo, similar a los metales preciosos como el oro.

Las criptomonedas ofrecen diferentes niveles de seudónimo y privacidad. Si bien las transacciones en la cadena de bloques suelen ser públicas y transparentes, las identidades de las personas involucradas a menudo se enmascaran detrás de direcciones criptográficas. Estas direcciones, que consisten en una cadena de caracteres alfanuméricos, proporcionan un nivel de privacidad, pero se pueden rastrear en la cadena de bloques para rastrear el historial de transacciones. Algunas criptomonedas, como Monero y Zcash, utilizan funciones avanzadas de privacidad para mejorar el anonimato y ofuscar los detalles de las transacciones.

Una de las ventajas significativas de las criptomonedas es su accesibilidad global. Los sistemas financieros tradicionales a menudo tienen barreras, como restricciones geográficas, servicios bancarios limitados o altas tarifas de transacción. Las criptomonedas permiten a las personas con acceso a Internet participar en el ecosistema financiero global, independientemente de su ubicación o antecedentes económicos. Esta inclusión tiene el potencial de revolucionar los servicios financieros y empoderar a las personas en regiones desatendidas.

Las criptomonedas facilitan transacciones rápidas y de bajo costo, especialmente en comparación con los sistemas financieros tradicionales. Las transacciones transfronterizas tradicionales pueden tardar días en liquidarse y, a menudo, incurren en tarifas sustanciales. Las criptomonedas permiten transferencias de valor casi instantáneas a través de las fronteras, lo que reduce significativamente el tiempo y el costo asociados con las transacciones internacionales. Esta característica es particularmente valiosa en el contexto de las remesas, el comercio electrónico y el comercio transfronterizo.

Muchas criptomonedas, como Ethereum, ofrecen funcionalidad programable a través de contratos inteligentes. Los contratos que se ejecutan automáticamente y en los que las condiciones del acuerdo se han escrito directamente en el código se denominan contratos inteligentes. Permiten la automatización y ejecución de acciones predefinidas en función de condiciones específicas. Los contratos inteligentes tienen un gran potencial, ya que facilitan aplicaciones como las finanzas descentralizadas (DeFi), los exchanges descentralizados y los activos tokenizados.

Breve Historia de las Criptomonedas

Las criptomonedas han revolucionado la forma en que percibimos e interactuamos con el dinero, marcando el comienzo de una nueva era de monedas digitales descentralizadas. El concepto de criptomonedas se remonta a finales del siglo XX, con la aparición de varios intentos de crear monedas digitales. En esta sección, exploraremos la breve historia de las criptomonedas, desde las primeras ideas y experimentos hasta el desarrollo de Bitcoin, la primera criptomoneda descentralizada, y el posterior crecimiento del ecosistema de las criptomonedas.

Las raíces de las criptomonedas se remontan a los primeros intentos de crear monedas digitales antes de la llegada de la tecnología cadena de bloques. A finales de la década de 1980, el renombrado científico informático David Chaum desarrolló un concepto llamado "eCash", que tenía como objetivo facilitar las transacciones electrónicas anónimas. Si bien el efectivo electrónico no obtuvo una adopción generalizada, sentó las bases para las monedas digitales y los conceptos de seguridad basados en la criptografía.

En la década de 1990, surgió el movimiento Cypherpunk, formado por informáticos, criptógrafos y defensores de la privacidad. Este movimiento enfatizó la importancia de la privacidad, la criptografía y los sistemas descentralizados. Obras influyentes, como la propuesta de Wei Dai para el "b-money" y el concepto de Nick Szabo de "bit gold", contribuyeron al desarrollo de ideas que eventualmente conducirían a la creación de las criptomonedas.

El verdadero avance en la historia de las criptomonedas se produjo con la introducción de Bitcoin en 2008. Un individuo o grupo anónimo, Satoshi Nakamoto, publicó el famoso libro blanco titulado "Bitcoin: Un sistema de efectivo electrónico peer-to-peer". El documento técnico describía el concepto de una moneda digital descentralizada que operaba en un libro de contabilidad público llamado cadena de bloques.

La red Bitcoin se estableció inicialmente en enero de 2009, y el primer bloque, que llegó a conocerse como el "bloque génesis", se minó con éxito casi al mismo tiempo. Bitcoin introdujo varias características innovadoras, incluido un mecanismo de consenso de prueba de trabajo (PoW), que garantizaba la seguridad de la red y evitaba el doble gasto. También abordó el problema de confianza de larga data en las transacciones digitales al eliminar la necesidad de intermediarios.

Bitcoin ganó atención principalmente dentro de las comunidades criptográficas y tecnológicas en los primeros años. Su potencial como moneda alternativa y reserva de valor atrajo gradualmente a un público más amplio. La naturaleza descentralizada de Bitcoin, su oferta limitada y sus transacciones seudónimas resonaron entre las personas que buscaban independencia financiera y privacidad.

En 2010, Bitcoin llegó a los titulares cuando Laszlo Hanyecz compró dos pizzas por 10,000 BTC, marcando una de las primeras transacciones del mundo real con la criptomoneda. Este evento puso de relieve el caso de uso emergente de Bitcoin como medio de intercambio.

El éxito de Bitcoin allanó el camino para la aparición de numerosas criptomonedas alternativas, a menudo denominadas altcoins. Estas altcoins buscaban abordar las limitaciones percibidas de Bitcoin o introducir nuevas características y funcionalidades. Litecoin, lanzado en 2011 por Charlie Lee, tenía como objetivo proporcionar tiempos de confirmación de transacciones más rápidos y un algoritmo de minería diferente.

Le siguieron otras criptomonedas notables, como Ripple, Ethereum y Bitcoin Cash. Ripple introdujo un protocolo de pago digital para transacciones internacionales rápidas y de bajo costo, mientras que Ethereum introdujo una plataforma cadena de bloques programable que permitió la creación de aplicaciones descentralizadas (DApps) y contratos inteligentes.

Con la creciente popularidad de las criptomonedas, el concepto de ofertas iniciales de monedas (ICO) ganó terreno. Las ICO permitieron a los proyectos de criptomonedas recaudar fondos mediante la emisión y venta de sus propios tokens. Este método de recaudación de fondos proporcionó una alternativa al capital de riesgo tradicional y permitió a las personas participar en oportunidades de inversión en etapa inicial.

Sin embargo, el espacio de las ICO se enfrentó a desafíos, como estafas, preocupaciones regulatorias y protección de los inversores. Los gobiernos y los organismos reguladores de todo el mundo comenzaron a abordar estos problemas, aumentando el escrutinio e introduciendo regulaciones en torno a las ICO.

A medida que las criptomonedas continuaron ganando atención, su adopción se expandió más allá de los entusiastas expertos en tecnología. Las principales empresas, incluidas Microsoft, Expedia y Overstock, comenzaron a aceptar Bitcoin como forma de pago. Además, las instituciones financieras y los gobiernos reconocieron el potencial de la tecnología cadena de bloques y comenzaron a explorar sus aplicaciones en diversas industrias, como la gestión de la cadena de suministro y los pagos transfronterizos.

El año 2017, hemos sido testigos de un notable aumento en el mercado de criptomonedas, con Bitcoin alcanzando un precio máximo histórico. Este repunte, acompañado de la cobertura de los medios de comunicación y el interés público, llevó a las criptomonedas a la conciencia general. Sin embargo, la posterior corrección del mercado en 2018 puso de manifiesto la volatilidad y los riesgos asociados a las inversiones en criptomonedas.

Tras la corrección del mercado, el ecosistema de las criptomonedas experimentó un periodo de maduración. El enfoque pasó del comercio especulativo a la construcción de una infraestructura sólida y la expansión de los casos de uso en el mundo real. Los exchanges de criptomonedas implementaron medidas de seguridad mejoradas, los marcos regulatorios comenzaron a tomar forma y los inversores institucionales mostraron un interés creciente en las criptomonedas.

En los últimos años, la aparición de las finanzas descentralizadas (DeFi) ha ganado una atención significativa dentro del ecosistema de las criptomonedas. DeFi utiliza contratos inteligentes y tecnología cadena de bloques para crear una alternativa descentralizada a los servicios financieros tradicionales, como préstamos, préstamos y comercio. Los proyectos DeFi han desbloqueado nuevas posibilidades, permitiendo a las personas acceder a servicios financieros sin intermediarios, proporcionando una mayor inclusión financiera.

Además, los tokens no fungibles (NFT) han ganado protagonismo, permitiendo la tokenización y la propiedad de activos digitales únicos, como obras de arte, objetos de colección y bienes inmuebles virtuales.

Terminologías Clave en el Espacio de las Criptomonedas

Las criptomonedas van acompañadas de un conjunto único de terminologías que pueden resultar desconocidas para los nuevos en el espacio. Comprender estas terminologías clave es esencial para navegar por el panorama de las criptomonedas y participar en discusiones informadas. En esta sección, exploraremos y definiremos las terminologías clave en el espacio de las criptomonedas, proporcionándole una base sólida de conocimientos.

La criptografía es utilizada por las criptomonedas, que son monedas virtuales o digitales, para asegurar las transacciones y controlar la creación de nuevas unidades. A diferencia de las monedas fiduciarias tradicionales emitidas por los gobiernos, las criptomonedas están descentralizadas y operan con tecnología de contabilidad distribuida, comúnmente conocida como cadena de bloques.

Una cadena de bloques es un libro de contabilidad digital descentralizado, inmutable y transparente que registra todas las transacciones de criptomonedas. Se compone de una serie de bloques, cada uno de los cuales tiene una lista de transacciones verificadas. La tecnología Cadena de bloques garantiza la seguridad, transparencia e integridad de las transacciones de criptomonedas, ya que cada transacción se registra en múltiples nodos de la red.

La descentralización es la ausencia de una autoridad central o intermediario que controle una red de criptomonedas. En un sistema descentralizado, las transacciones son validadas y registradas por múltiples nodos repartidos por toda la red, en lugar de una sola entidad. La descentralización mejora la seguridad, la transparencia y la resiliencia, ya que no existe un único punto de fallo.

La criptografía es la ciencia de asegurar la comunicación mediante el uso de algoritmos matemáticos. En el contexto de las criptomonedas, la criptografía se utiliza para asegurar las transacciones, proteger los activos digitales y garantizar la autenticidad e integridad de los datos. Las técnicas criptográficas, como la criptografía de clave pública y las funciones hash criptográficas, son vitales para proteger el ecosistema de las criptomonedas.

Una billetera de criptomonedas es una aplicación o dispositivo digital que permite a los usuarios almacenar, administrar e interactuar con sus tenencias de criptomonedas. Las billeteras se pueden clasificar en diferentes tipos, incluidas billeteras de software (como billeteras de escritorio o móviles), billeteras de hardware (dispositivos físicos para mejorar la seguridad) y billeteras de papel (copias impresas de claves privadas).

Una clave privada es una cadena especial de caracteres generada aleatoriamente que sirve como firma digital del propietario y le da acceso a sus tenencias de criptomonedas. Es un componente crítico de una billetera de criptomonedas y debe mantenerse seguro y confidencial. El propietario puede firmar transacciones y demostrar la propiedad de la criptomoneda relacionada al tener acceso a la clave privada.

Se puede producir una clave pública a partir de una clave privada mediante técnicas de criptografía. Es una cadena alfanumérica que se puede compartir públicamente y que sirve como dirección para recibir criptomonedas. Si bien una clave pública se puede compartir abiertamente, no revela la clave privada ni proporciona acceso a la criptomoneda asociada.

Una dirección de criptomoneda es un identificador único que se utiliza para enviar y recibir criptomonedas. Se deriva de una combinación de la clave pública del usuario y datos adicionales, como una suma de comprobación. Las direcciones de criptomonedas se representan como cadenas alfanuméricas y, a menudo, se presentan como códigos QR para un escaneo conveniente.

Un mercado en línea donde se pueden comprar, vender e intercambiar criptomonedas se conoce como intercambio de criptomonedas. Los exchanges proporcionan un mercado donde los usuarios pueden intercambiar una criptomoneda por otra o convertir criptomonedas en monedas fiduciarias tradicionales. Por lo general, ofrecen pares comerciales, libros de órdenes y servicios de billetera.

La minería es el proceso de validar y agregar nuevas transacciones a la cadena de bloques mientras se protege la red de criptomonedas. Para validar las transacciones, los mineros utilizan recursos computacionales para resolver acertijos matemáticos difíciles, o "prueba de trabajo". Los mineros son compensados por su trabajo con criptomonedas recién creadas y tarifas de transacción.

Proof-of-Work es un mecanismo de consenso utilizado por muchas criptomonedas, incluido Bitcoin. La cadena de bloques necesita mineros para crear nuevos bloques y validar transacciones resolviendo problemas computacionalmente desafiantes. Este mecanismo garantiza la seguridad de la red y evita el doble gasto al hacer que sea computacionalmente costoso atacar la red.

Proof-of-Stake es un mecanismo de consenso alternativo empleado por criptomonedas específicas. En un sistema PoS, la probabilidad de validar nuevos bloques y ganar recompensas está determinada por la cantidad de monedas que un participante posee y "apuesta" en su billetera. PoS se considera más eficiente energéticamente que

PoW y ofrece diferentes compensaciones de seguridad y descentralización.

Cualquier criptomoneda que no sea Bitcoin se denomina altcoin. Combina las palabras "alternativa" y "moneda". Las altcoins pueden introducir nuevas características, diferentes mecanismos de consenso o casos de uso únicos que las diferencien de Bitcoin. Algunos ejemplos de altcoins son Ethereum, Litecoin, Ripple y muchas otras.

Una bifurcación ocurre cuando la cadena de bloques de una criptomoneda se divide en dos cadenas separadas, creando una nueva criptomoneda o una actualización de la existente. Las horquillas se pueden clasificar como bifurcaciones duras o bifurcaciones blandas. Las bifurcaciones duras crean una cadena de bloques nueva e incompatible, mientras que las bifurcaciones suaves introducen cambios compatibles con versiones anteriores.

Oferta inicial de monedas, una forma de recaudar fondos para proyectos de criptomonedas que implica intercambiar sus propios tokens por criptomonedas conocidas como Bitcoin o Ethereum. Las ICO se hicieron populares en las primeras etapas del ecosistema de las criptomonedas, pero se han enfrentado al escrutinio regulatorio debido a posibles estafas y a la falta de protección de los inversores.

Los tokens son activos digitales construidos sobre plataformas cadena de bloques existentes, como Ethereum. Representan una unidad de valor o utilidad dentro de un ecosistema específico o aplicación descentralizada (DApp). Los tokens pueden servir para varios propósitos, como permitir el acceso a los servicios, representar la propiedad o facilitar los derechos de voto dentro de un proyecto o plataforma.

Los contratos que se ejecutan automáticamente y en los que las condiciones del acuerdo se han escrito directamente en el código se denominan contratos inteligentes. Los contratos inteligentes permiten la automatización y ejecución de acciones predefinidas en función de condiciones específicas. Por lo general, se implementan en plataformas cadena de bloques como Ethereum y tienen numerosas aplicaciones en finanzas descentralizadas (DeFi) y tokenización.

Una stablecoin es un tipo de criptomoneda que vincula su valor a un activo fiable, ya sea dinero fiduciario (como el USD) o una materia prima, con el fin de reducir la volatilidad de los precios. Las stablecoins proporcionan estabilidad y pueden ser útiles para las transacciones, la reserva de valor y como cobertura contra la volatilidad del mercado.

CAPÍTULO II

Beneficios y riesgos de la inversión en criptomonedas

Beneficios de Invertir en Criptomonedas

Las criptomonedas se han convertido en una fuerza disruptiva en el mundo financiero, captando la atención de inversores, empresas y gobiernos. Como una clase de activos relativamente nueva, las criptomonedas ofrecen una gama de beneficios únicos que han atraído a personas que buscan oportunidades de inversión alternativas. Esta sección explorará los beneficios de invertir en criptomonedas, desde los altos rendimientos potenciales y la diversificación hasta la accesibilidad, la seguridad y la inclusión financiera.

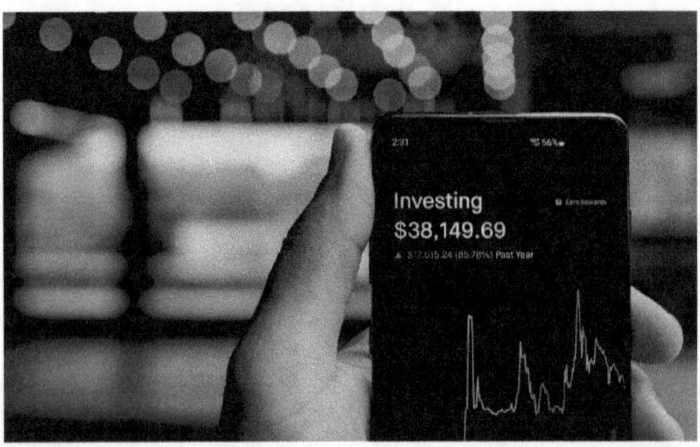

Uno de los principales atractivos de invertir en criptomonedas es el potencial de altos rendimientos. El mercado de las criptomonedas ha sido testigo de una importante volatilidad de precios, lo que ha creado oportunidades para que los inversores generen beneficios sustanciales. Los datos históricos muestran que criptomonedas específicas, como Bitcoin, Ethereum y otras, han experimentado un crecimiento exponencial de precios a lo largo de los años, proporcionando a los primeros usuarios notables rendimientos de sus inversiones.

Sin embargo, es esencial tener en cuenta que el mercado de las criptomonedas es altamente especulativo y volátil. Los precios pueden fluctuar rápidamente y las inversiones en criptomonedas conllevan riesgos inherentes. Por lo tanto, una investigación cuidadosa, estrategias de gestión de riesgos y una perspectiva de inversión a largo plazo son esenciales para navegar por este mercado volátil.

Invertir en criptomonedas puede servir como una herramienta de diversificación para las carteras de inversión tradicionales. Las criptomonedas se correlacionan mal con otras clases de activos, como acciones, bonos y bienes raíces. Esto significa que sus movimientos de precios suelen ser independientes de los mercados tradicionales, lo que proporciona posibles beneficios de diversificación.

Los inversores pueden reducir el riesgo general de la cartera y mejorar los rendimientos potenciales al incluir criptomonedas en una cartera de inversión. La diversificación permite a los inversores distribuir el riesgo entre diferentes clases de activos y aprovechar oportunidades tanto en los mercados tradicionales como en los emergentes.

Las criptomonedas han democratizado el panorama de la inversión al proporcionar accesibilidad e inclusión a una gama más amplia de personas. A diferencia de los sistemas financieros tradicionales que pueden tener restricciones geográficas o requerir un capital significativo, las criptomonedas permiten que cualquier persona con una conexión a Internet participe en el ecosistema financiero global.

Los inversores pueden entrar en el mercado de las criptomonedas con cantidades relativamente pequeñas de capital, comprando fracciones de una criptomoneda, conocidas como satoshis (por Bitcoin), o unidades más pequeñas de otras criptodivisas. Esta propiedad fraccionada permite a las personas con fondos limitados participar en el crecimiento potencial de las criptomonedas.

Invertir en criptomonedas presenta la oportunidad de independencia financiera y empoderamiento. Las criptomonedas operan en redes descentralizadas, lo que elimina la necesidad de intermediarios como bancos o gobiernos para facilitar las transacciones. Esta naturaleza descentralizada se alinea con los principios de soberanía financiera y permite a las personas tener control sobre sus fondos.

Además, las criptomonedas permiten a las personas realizar transacciones entre pares sin depender de las instituciones financieras tradicionales. Este aspecto puede ser particularmente beneficioso en regiones con acceso limitado a los servicios bancarios o países con sistemas financieros inestables. Las criptomonedas ofrecen un medio alternativo para almacenar valor, realizar transacciones y participar en actividades económicas.

La inflación erosiona el poder adquisitivo de las monedas fiduciarias tradicionales con el tiempo. Las criptomonedas, con su oferta limitada y sus calendarios de emisión fijos, tienen el potencial de servir como cobertura contra la inflación. Por ejemplo, Bitcoin tiene un suministro finito de 21 millones de monedas, lo que lo hace resistente a las presiones inflacionarias a las que se enfrentan las monedas fiduciarias que los bancos centrales pueden imprimir.

Invertir en criptomonedas permite a las personas diversificar sus carteras y potencialmente preservar su patrimonio en un entorno inflacionario. Sin embargo, es importante tener en cuenta que las criptomonedas están sujetas a la dinámica y la volatilidad del mercado, y su valor puede fluctuar independientemente de los factores inflacionarios tradicionales.

Las criptomonedas ofrecen una mayor seguridad y transparencia en comparación con los sistemas financieros tradicionales. Las transacciones realizadas en las redes cadena de bloques están aseguradas a través de técnicas criptográficas avanzadas, lo que las hace altamente resistentes al fraude y la manipulación. La tecnología cadena de bloques está descentralizada, lo que garantiza que ninguna parte tenga autoridad sobre la red y reduce la posibilidad de violaciones de datos o hackeos centralizados.

Además, la tecnología cadena de bloques proporciona registros de transacciones transparentes e inmutables. Cada transacción se registra en la cadena de bloques; Cualquier persona puede acceder a este libro mayor público y auditarlo. Esta transparencia mejora la confianza y la responsabilidad dentro del ecosistema de las criptomonedas.

Las criptomonedas tienen el potencial de agilizar los sistemas de pago globales, proporcionando transacciones transfronterizas eficientes y rentables. Las transferencias internacionales tradicionales a menudo involucran múltiples intermediarios, largos tiempos de liquidación y altas tarifas de transacción. Por el contrario, las criptomonedas permiten transferencias casi instantáneas y directas entre pares, eliminando la necesidad de intermediarios y reduciendo los costos de transacción.

Las criptomonedas pueden facilitar las remesas transfronterizas, el comercio internacional y las transacciones de comercio electrónico, beneficiando a las personas y las empresas al simplificar y acelerar los procesos de pago globales.

Invertir en criptomonedas se alinea con la creencia en el poder transformador de la tecnología cadena de bloques y su potencial para impulsar la innovación en diversas industrias. Cadena de bloques puede revolucionar áreas como la gestión de la cadena de suministro, la atención médica, los sistemas de votación, las finanzas descentralizadas (DeFi) y más.

Las personas pueden participar en el crecimiento y desarrollo de proyectos y tecnologías innovadoras invirtiendo en criptomonedas. El apoyo a las empresas e iniciativas innovadoras basadas en cadena de bloques puede contribuir al avance de la infraestructura financiera mundial y a la creación de nuevos ecosistemas económicos.

Invertir en criptomonedas brinda la oportunidad de ser uno de los primeros en adoptarlas y participar en el desarrollo de tecnologías y proyectos emergentes. El ecosistema de las criptomonedas es dinámico y está en constante evolución, con nuevas criptomonedas, aplicaciones descentralizadas (DApps) y soluciones innovadoras que surgen regularmente.

Los primeros usuarios pueden beneficiarse del crecimiento de proyectos prometedores, los avances tecnológicos y el reconocimiento del mercado. Sin embargo, llevar a cabo una investigación exhaustiva y la debida diligencia es crucial para identificar proyectos con fundamentos sólidos, equipos de desarrollo activos y casos de uso del mundo real.

Al brindar a las poblaciones no bancarizadas o subbancarizadas de todo el mundo acceso a servicios financieros, las criptomonedas tienen el potencial de cerrar la brecha en la inclusión financiera. A nivel mundial, 1.700 millones de adultos carecen de acceso a servicios financieros fundamentales porque no están bancarizados, según el Banco Mundial. Las criptomonedas pueden permitir a estas personas almacenar valor, realizar transacciones y participar en actividades económicas sin depender de los sistemas bancarios tradicionales.

Al invertir en criptomonedas y apoyar proyectos que se centran en la inclusión financiera, las personas pueden contribuir al empoderamiento y al desarrollo económico de las comunidades desatendidas.

Riesgos y Desafíos Potenciales

Las criptomonedas han ganado una gran atención y popularidad como una clase de inversión alternativa. Si bien ofrecen beneficios únicos, como altos rendimientos potenciales e inclusión financiera, es vital reconocer los riesgos y desafíos potenciales asociados con la inversión en criptomonedas. En esta sección, exploraremos los posibles riesgos y desafíos que los inversores pueden encontrar en las criptomonedas, que van desde la volatilidad del mercado y las incertidumbres regulatorias hasta las amenazas y estafas de ciberseguridad.

Uno de los principales riesgos de invertir en criptomonedas es la volatilidad inherente del mercado y las fluctuaciones de precios. El mercado de las criptomonedas es conocido por sus rápidos y sustanciales cambios de precios, que pueden producir ganancias o pérdidas significativas en cuestión de momentos.

La naturaleza volátil de las criptomonedas se puede atribuir a varios factores, incluida la especulación del mercado, el sentimiento de los inversores, los anuncios regulatorios, los avances tecnológicos y los eventos macroeconómicos. Los precios de las criptomonedas pueden ser susceptibles a estos factores, lo que lleva a fuertes oscilaciones de precios que pueden ser difíciles de predecir y navegar.

Las incertidumbres regulatorias y los riesgos legales plantean desafíos significativos para el ecosistema de las criptomonedas. Los diferentes países y jurisdicciones tienen diferentes enfoques y regulaciones con respecto a las criptomonedas. Las acciones regulatorias, como prohibiciones, restricciones o estrictos requisitos de cumplimiento, pueden afectar profundamente el valor y la usabilidad de las criptomonedas.

La necesidad de regulaciones estandarizadas y la naturaleza evolutiva del espacio de las criptomonedas pueden crear incertidumbre para los inversores. Los cambios regulatorios y los desafíos legales pueden afectar el sentimiento del mercado, la liquidez y el crecimiento general del ecosistema de criptomonedas. Por lo tanto, los inversores deben mantenerse informados sobre el panorama regulatorio y cumplir con las leyes y regulaciones pertinentes.

La naturaleza descentralizada y digital de las criptomonedas las hace susceptibles a las amenazas y hackeos de ciberseguridad. Los piratas informáticos que buscan robar fondos o interrumpir las operaciones pueden apuntar a intercambios de criptomonedas, billeteras y otros componentes de infraestructura.

En el pasado se han producido casos de hackeos y robos de exchanges de criptomonedas, lo que ha provocado pérdidas financieras sustanciales para particulares y empresas. Las prácticas de seguridad débiles, las vulnerabilidades en los contratos inteligentes y los ataques de ingeniería social son algunos de los métodos empleados por los piratas informáticos para explotar el ecosistema de las criptomonedas.

Los inversores deben priorizar la seguridad de sus tenencias de criptomonedas mediante la adopción de las mejores prácticas, como el uso de billeteras de hardware, la habilitación de la autenticación de dos factores y tener cuidado con los intentos de phishing. Además, mantenerse informado sobre los avances en seguridad y elegir plataformas de confianza puede ayudar a mitigar los riesgos asociados a las amenazas de ciberseguridad.

Invertir en criptomonedas conlleva el riesgo de una protección limitada de los inversores en comparación con los mercados financieros tradicionales. Las criptomonedas operan fuera de la jurisdicción de los marcos regulatorios convencionales, y es posible que los inversores no tengan las mismas garantías que las inversiones tradicionales.

Las estafas y las actividades fraudulentas son frecuentes en las criptomonedas, dirigidas a personas desprevenidas. Los esquemas Ponzi, las ofertas iniciales de monedas (ICO) falsas y los intentos de phishing se encuentran entre las tácticas empleadas por los estafadores. Los inversores deben ser cautelosos, realizar una investigación exhaustiva y verificar la legitimidad de los proyectos y las oportunidades de inversión antes de comprometer fondos.

Las criptomonedas se basan en infraestructuras tecnológicas complejas y se enfrentan a riesgos tecnológicos inherentes y vulnerabilidades de la red. Las redes cadena de bloques pueden experimentar problemas técnicos como errores de software, fallas de consenso o desafíos de escalabilidad. Estos problemas pueden provocar retrasos en las transacciones, interrupciones en las operaciones de la red y posibles pérdidas financieras para los inversores.

Además, el desarrollo de nuevas tecnologías y protocolos introduce riesgos adicionales. Si bien la innovación es esencial para el ecosistema de las criptomonedas, los inversores deben saber que los nuevos proyectos o tecnologías pueden conllevar conceptos no probados, medidas de seguridad no probadas o vulnerabilidades inesperadas.

El mercado de las criptomonedas es relativamente joven y menos regulado que los mercados financieros tradicionales. Esto crea oportunidades para la manipulación del mercado y los esquemas de manipulación de precios, como los esquemas de bombeo y descarga, el comercio de lavado y la suplantación de identidad.

La baja liquidez en ciertas criptomonedas puede hacerlas particularmente susceptibles a la manipulación del mercado. Los mercados ilíquidos pueden experimentar una manipulación de precios a través de actividades comerciales coordinadas, lo que lleva a movimientos artificiales de precios que pueden engañar a los inversores.

Los inversores deben ser cautelosos, realizar una investigación exhaustiva y estar atentos a los posibles signos de manipulación del mercado. Elegir criptomonedas con mayor liquidez y volúmenes de negociación es recomendable para reducir el riesgo de ser víctima de esquemas de manipulación.

La valoración de las criptomonedas puede ser un reto debido a la ausencia de métricas de valoración tradicionales que se utilizan habitualmente en la evaluación de acciones o bonos. Las criptomonedas a menudo carecen de activos tangibles o flujos de ingresos que puedan evaluarse utilizando métodos de valoración convencionales.

El valor de las criptomonedas está impulsado principalmente por la demanda del mercado, la adopción, la utilidad percibida y el sentimiento de los inversores. Esto puede dar lugar a discrepancias de precios y valoraciones infladas, lo que dificulta a los inversores determinar el verdadero valor subyacente de una criptomoneda.

Los inversores deben tener precaución y llevar a cabo una diligencia debida exhaustiva al evaluar las criptomonedas. Comprender los fundamentos del proyecto, los casos de uso, la credibilidad del equipo y la dinámica del mercado es esencial antes de tomar decisiones de inversión.

El rápido ritmo de los avances tecnológicos en criptomonedas plantea el riesgo de obsolescencia tecnológica para ciertas criptomonedas o plataformas cadena de bloques. Las tecnologías o protocolos más nuevos pueden ofrecer características mejoradas, escalabilidad o seguridad, lo que hace que las criptomonedas existentes sean menos competitivas o relevantes.

La competencia entre las criptomonedas es intensa, con nuevos proyectos que ingresan al mercado regularmente. Esta competencia puede dar lugar a un mercado abarrotado, en el que algunas criptomonedas no logran una adopción significativa ni mantienen su valor a lo largo del tiempo.

Los inversores deben mantenerse informados sobre los avances tecnológicos, las tendencias del mercado y la evolución de los casos de uso para identificar las criptomonedas con viabilidad a largo plazo y potencial de crecimiento.

Invertir en criptomonedas puede ser un desafío emocional debido a la alta volatilidad y las rápidas fluctuaciones de precios. Los factores psicológicos, como el miedo a perderse algo (FOMO), las ventas de pánico o la asunción excesiva de riesgos, pueden influir en las decisiones de inversión y dar lugar a resultados subóptimos.

Los inversores deben conocer los sesgos psicológicos que afectan a la toma de decisiones y adoptar un enfoque disciplinado y racional de la inversión. Establecer objetivos de inversión claros, diversificar carteras y practicar estrategias de gestión de riesgos puede ayudar a mitigar la influencia de los factores emocionales.

Estrategias Para Mitigar los Riesgos

Invertir en criptomonedas ofrece recompensas potenciales, pero también conlleva riesgos inherentes. La naturaleza dinámica y volátil del mercado de criptomonedas, junto con las incertidumbres regulatorias, las amenazas de ciberseguridad y la manipulación del mercado, requiere la implementación de estrategias efectivas de mitigación de riesgos. Esta sección explorará varias estrategias para ayudar a los inversores a mitigar los riesgos asociados con la inversión en criptomonedas, que van desde la investigación exhaustiva y la diversificación hasta las técnicas de gestión de riesgos y la educación.

La investigación exhaustiva y la diligencia debida son fundamentales para mitigar los riesgos al invertir en criptomonedas. Comprender los fundamentos de un proyecto de criptomonedas, su equipo, su tecnología y la dinámica de su mercado es esencial antes de comprometer fondos. El estudio del documento técnico del proyecto, el examen de la hoja de ruta, la evaluación de la experiencia y el historial del equipo y la comprensión de las posibles aplicaciones de la criptomoneda y la aceptación del mercado son partes importantes del proceso de investigación.

Además, los inversores deben mantenerse informados sobre las últimas noticias, las tendencias del mercado y los desarrollos regulatorios que pueden afectar al ecosistema de las criptomonedas. Interactuar con comunidades en línea, asistir a conferencias y reuniones, y seguir fuentes confiables puede proporcionar información valiosa y ayudar a los inversores a tomar decisiones informadas.

La diversificación es una estrategia de gestión de riesgos probada para todas las carteras de inversión, incluidas las criptomonedas. Al diversificar las inversiones en diferentes criptomonedas, los inversores pueden distribuir su riesgo y reducir el impacto potencial del bajo rendimiento de una sola criptomoneda.

La diversificación se puede lograr invirtiendo en criptomonedas con diferentes capitalizaciones de mercado, casos de uso y etapas de desarrollo. La asignación de fondos en diferentes sectores dentro del ecosistema de las criptomonedas, como las finanzas descentralizadas (DeFi), las monedas de privacidad o los tokens de plataforma, puede mejorar aún más la diversificación.

La implementación de técnicas de gestión de riesgos es crucial para mitigar los riesgos de invertir en criptomonedas. El establecimiento de objetivos de inversión claros, la determinación de la tolerancia al riesgo y el establecimiento de estrategias de asignación de carteras son componentes esenciales de una gestión eficaz del riesgo.

Los inversores deben determinar el porcentaje de su cartera total que están dispuestos a asignar a las criptomonedas, teniendo en cuenta su apetito por el riesgo y sus objetivos financieros. Esta asignación debería alinearse con su horizonte de inversión, ya que las criptomonedas son conocidas por su volatilidad y fluctuaciones de precios a corto plazo.

Además, estrategias como el promedio del costo en dólares (DCA, por sus siglas en inglés) pueden ayudar a mitigar el impacto de la volatilidad del mercado a corto plazo. El DCA implica invertir una cantidad fija regularmente, independientemente del precio de la criptomoneda. Este enfoque promedia el precio de compra a lo largo del tiempo y reduce el riesgo de realizar inversiones significativas a precios desfavorables.

Adoptar una perspectiva a largo plazo al invertir en criptomonedas puede ayudar a mitigar los riesgos asociados con la volatilidad de los precios a corto plazo. Los mercados de criptomonedas son bien conocidos por ser cíclicos, con períodos de rápido aumento seguidos de correcciones del mercado. Al adoptar una estrategia HODL (Hold On for Dear Life), los inversores se comprometen a mantener sus inversiones durante un período prolongado, sin tener en cuenta las fluctuaciones de precios a corto plazo.

Una perspectiva a largo plazo permite a los inversores centrarse en los fundamentos subyacentes de un proyecto de criptomoneda en lugar de dejarse llevar por el sentimiento del mercado a corto plazo. También permite capturar la posible revalorización a largo plazo, especialmente en proyectos con fundamentos sólidos y casos de uso prometedores.

La seguridad de las tenencias de criptomonedas es de suma importancia a la hora de mitigar los riesgos. La implementación de prácticas de almacenamiento seguro puede ayudar a proteger las inversiones de las amenazas de ciberseguridad y reducir el riesgo de robo o pérdida.

Los inversores deberían considerar la posibilidad de utilizar monederos de hardware, que son dispositivos físicos diseñados para almacenar claves privadas de forma segura. Las billeteras de hardware aíslan las claves privadas de los dispositivos conectados a

Internet, lo que reduce el riesgo de compromiso. Además, habilitar la autenticación de dos factores (2FA) para intercambios y billeteras de criptomonedas proporciona una capa adicional de seguridad.

Es importante tener precaución y evitar almacenar grandes cantidades de criptomonedas en intercambios o billeteras web, ya que pueden ser vulnerables a intentos de piratería. Mantener copias de seguridad fuera de línea de claves privadas o utilizar opciones de almacenamiento en frío, como billeteras de papel o billeteras de hardware fuera de línea, puede mejorar la seguridad de las tenencias de criptomonedas.

Llevar a cabo la debida diligencia es vital para mitigar los riesgos al interactuar con exchanges de criptomonedas y proveedores de servicios. Los inversores deben elegir exchanges de buena reputación y bien establecidos con medidas de seguridad sólidas, un historial sólido y un compromiso con el cumplimiento normativo.

La verificación de las licencias, los protocolos de seguridad y las reseñas de los usuarios de los exchanges puede proporcionar información sobre su fiabilidad y confiabilidad. Además, la realización de la debida diligencia sobre los proveedores de servicios, como los proveedores de carteras, los rastreadores de carteras y las plataformas de negociación, garantiza que los inversores confíen sus fondos e información confidencial a entidades de confianza.

Invertir en criptomonedas requiere educación y concienciación continuas. Mantenerse informado sobre las últimas tendencias, avances tecnológicos y desarrollos regulatorios es crucial para mitigar los riesgos de manera efectiva.

Los inversores deben informarse sobre la tecnología subyacente de las criptomonedas, como la cadena de bloques, así como sobre los principios de la criptografía y el funcionamiento de las redes descentralizadas. Comprender estos conceptos ayuda a los inversores a tomar decisiones informadas y evaluar la viabilidad y los riesgos potenciales de los diferentes proyectos de criptomonedas.

Además, los inversores deben estar atentos a las amenazas y estafas emergentes en el espacio de las criptomonedas. Informarse sobre los tipos comunes de estafas, como los intentos de phishing, los esquemas Ponzi y las ICO falsas, puede ayudar a los inversores a evitar ser víctimas de actividades fraudulentas.

Cumplir con las obligaciones fiscales y regulatorias es esencial para mitigar los riesgos legales y financieros asociados con la inversión en criptomonedas. Las regulaciones fiscales con respecto a las criptomonedas varían según las jurisdicciones, y los inversores deben ser conscientes de sus obligaciones y buscar asesoramiento profesional cuando sea necesario.

Además, cuando se trata de exchanges y proveedores de servicios, cumplir con los requisitos regulatorios, como las regulaciones de conocimiento del cliente (KYC) y contra el lavado de dinero (AML), ayuda a mitigar los riesgos legales y de reputación. Los inversores deben asegurarse de conocer y cumplir con las leyes y regulaciones aplicables de su jurisdicción.

Evaluar regularmente los riesgos asociados a las inversiones en criptomonedas y revisar la cartera es crucial para una gestión eficaz del riesgo. Los inversores deben evaluar periódicamente el rendimiento de sus inversiones, evaluar el equilibrio riesgo-recompensa y realizar los ajustes necesarios.

Esto implica monitorear las condiciones del mercado, evaluar el progreso de los proyectos de criptomonedas y mantenerse actualizado sobre cualquier cambio o evento significativo que pueda afectar las inversiones. Las revisiones periódicas de la cartera permiten a los inversores identificar los activos de bajo rendimiento, reequilibrar la cartera y tomar decisiones informadas basadas en la dinámica cambiante del mercado.

Buscar asesoramiento profesional y tutoría puede proporcionar una valiosa orientación a la hora de invertir en criptomonedas. Interactuar con asesores financieros o mentores con experiencia en criptomonedas puede ayudar a los inversores a navegar por las complejidades y mitigar los riesgos de manera efectiva.

Los profesionales experimentados pueden proporcionar información sobre las tendencias del mercado, las estrategias de gestión de riesgos y el cumplimiento normativo. También pueden ayudar a realizar una investigación exhaustiva, evaluar oportunidades de inversión y tomar decisiones informadas alineadas con los objetivos financieros individuales y la tolerancia al riesgo.

CAPÍTULO III

Análisis Fundamental para la Inversión en Criptomonedas

Evaluación de la Tecnología Cadena de bloques

La tecnología cadena de bloques ha ganado una atención y un reconocimiento significativos como una innovación transformadora en varias industrias. Desde las finanzas hasta la gestión de la cadena de suministro, pasando por la atención sanitaria y los sistemas de votación, cadena de bloques tiene el potencial de revolucionar los procesos tradicionales al proporcionar transparencia, seguridad y descentralización. Sin embargo, la evaluación de la tecnología cadena de bloques requiere una comprensión integral de sus características clave, casos de uso, desafíos y beneficios potenciales. Esta sección explorará los criterios de evaluación de la tecnología cadena de bloques, incluida la escalabilidad, la seguridad, la descentralización, la interoperabilidad, la gobernanza y la sostenibilidad.

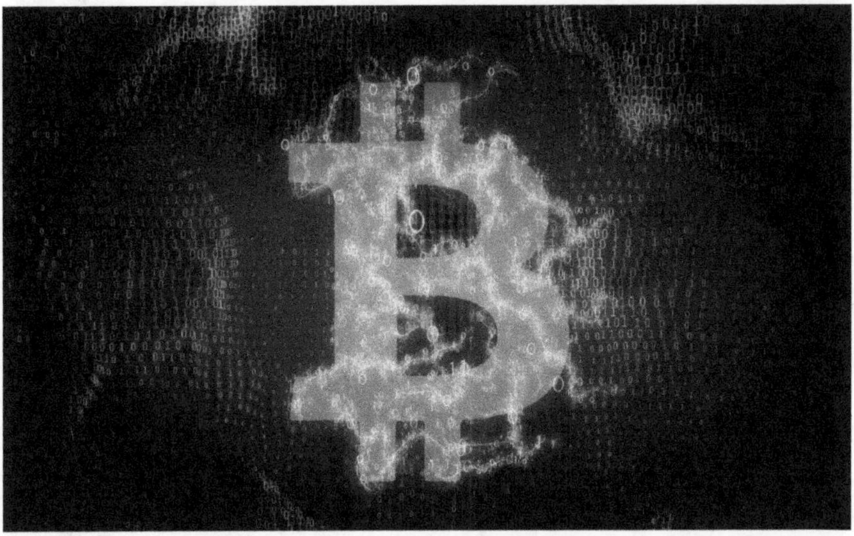

La escalabilidad es un factor crítico en la evaluación de la tecnología cadena de bloques. A medida que aumenta el número de transacciones y usuarios en una red cadena de bloques, el sistema debe ser capaz de manejar la creciente demanda sin comprometer su rendimiento. La escalabilidad abarca dos dimensiones: el rendimiento de las transacciones y la latencia de la red.

La cantidad de transacciones que una cadena de bloques puede completar en un período de tiempo determinado se conoce como rendimiento de transacciones. El alto rendimiento de las transacciones es crucial para la adopción de cadena de bloques en industrias con altos volúmenes de transacciones, como las finanzas y la cadena de suministro. Varias soluciones de escalado, como la fragmentación, los protocolos de capa dos y las mejoras en los algoritmos de consenso, tienen como objetivo mejorar el rendimiento de las transacciones.

El tiempo que tarda una transacción en ser aprobada y registrada en un bloque de cadena de bloques se denomina latencia de red. La baja latencia de la red garantiza una rápida finalización de las transacciones y mejora la experiencia del usuario. Sin embargo, a medida que aumenta el número de nodos y la complejidad del algoritmo de consenso, la latencia de la red también puede aumentar. Equilibrar el rendimiento de las transacciones y la latencia de la red es crucial para evaluar la escalabilidad de la cadena de bloques.

La seguridad es primordial a la hora de evaluar la tecnología cadena de bloques. Las características de seguridad de Cadena de bloques, como el cifrado criptográfico y la inmutabilidad, contribuyen a su confiabilidad e integridad. Sin embargo, evaluar la seguridad también implica tener en cuenta las posibles vulnerabilidades y los vectores de ataque.

Los mecanismos de consenso juegan un papel crucial en la seguridad de las redes cadena de bloques. Los mecanismos de consenso más comunes son proof-of-work (PoW) y Proof-of-Stake (PoS). PoW se basa en la potencia computacional para asegurar la red, mientras que PoS utiliza la participación de los participantes en la red. Ambos mecanismos tienen sus fortalezas y debilidades en términos de seguridad y eficiencia energética.

La seguridad de los contratos inteligentes es otro aspecto crucial. Los contratos inteligentes son acuerdos autoejecutables almacenados en la cadena de bloques. La evaluación de la seguridad de los contratos inteligentes requiere evaluar la calidad del código, las auditorías de vulnerabilidad y el potencial de exploits o errores. Varios incidentes de alto perfil, como el hackeo de DAO, han puesto de manifiesto la importancia de realizar evaluaciones rigurosas de seguridad de contratos inteligentes.

La tecnología cadena de bloques difiere de los sistemas centralizados convencionales debido a su característica central de descentralización. Evaluar el grado de descentralización en una red cadena de bloques implica evaluar la distribución de los nodos, los mecanismos de consenso y la estructura de gobernanza.

La distribución de los nodos a través de una red cadena de bloques determina su resistencia a los ataques y la censura. Una red descentralizada es más resistente a los puntos únicos de falla y menos propensa a la manipulación. Evaluar la distribución geográfica, el número de nodos y su influencia en la toma de decisiones es crucial a la hora de evaluar la descentralización.

Los mecanismos de consenso también influyen en la descentralización. Las cadenas de bloques basadas en PoW, como Bitcoin y Ethereum, se consideran más descentralizadas debido a su naturaleza sin permisos y a su amplia participación. Por el contrario, algunas cadenas de bloques basadas en PoS pueden tener una propiedad y un poder de decisión más concentrados.

La gobernanza es un aspecto esencial de la descentralización. Comprender los procesos de toma de decisiones, llegar a un consenso y poner en marcha nuevas funciones o actualizaciones de protocolos son necesarios para evaluar la gobernanza de la cadena de bloques. Los modelos de gobernanza transparentes e inclusivos que implican la participación de la comunidad contribuyen a un ecosistema cadena de bloques más descentralizado y resiliente.

La interoperabilidad es el flujo continuo de datos, comunicación y transacciones entre varias redes cadena de bloques. La evaluación de la interoperabilidad es crucial para una adopción más amplia de cadena de bloques y su integración con los sistemas existentes.

Las diferentes redes cadena de bloques suelen utilizar diferentes protocolos, mecanismos de consenso y formatos de datos. La evaluación de la interoperabilidad de la cadena de bloques requiere evaluar la compatibilidad de estas redes y la existencia de protocolos o marcos estandarizados que permitan una comunicación fluida.

Varios proyectos e iniciativas, como Polkadot, Cosmos e Interledger, tienen como objetivo proporcionar soluciones de interoperabilidad mediante la creación de puentes o capas de middleware que faciliten la comunicación entre redes cadena de bloques dispares. La evaluación de estas soluciones de interoperabilidad implica comprender su arquitectura técnica, escalabilidad, seguridad y adopción dentro del ecosistema cadena de bloques.

La gobernanza de la cadena de bloques se refiere a los procesos y mecanismos a través de los cuales se toman decisiones, se resuelven los conflictos y se implementan actualizaciones o cambios dentro de una red de cadena de bloques. La evaluación de la gobernanza de la cadena de bloques implica evaluar la transparencia, la inclusión y la eficacia de los procesos de toma de decisiones.

Los modelos de gobernanza pueden variar desde la gobernanza centralizada, en la que una sola entidad u organización tiene un control significativo, hasta la gobernanza descentralizada, en la que los participantes de la red toman decisiones de forma colectiva. También existen modelos híbridos que combinan elementos de centralización y descentralización.

La transparencia y la inclusión son consideraciones cruciales a la hora de evaluar la gobernanza de la cadena de bloques. Los procesos transparentes de toma de decisiones, las discusiones abiertas y la participación de la comunidad mejoran la confianza y la responsabilidad dentro del ecosistema cadena de bloques. También es esencial la existencia de mecanismos para resolver conflictos e implementar mejoras o cambios de manera oportuna y eficiente.

La sostenibilidad es un aspecto cada vez más importante a la hora de evaluar la tecnología cadena de bloques. Dado que las redes cadena de bloques consumen una cantidad sustancial de energía y recursos computacionales, es necesario evaluar su impacto ambiental.

Los mecanismos de consenso Proof-of-Work, como los utilizados por Bitcoin y Ethereum, requieren una potencia computacional significativa, lo que resulta en un alto consumo de energía. Evaluar la sostenibilidad de la cadena de bloques implica comprender la eficiencia energética de los mecanismos de consenso y el potencial de las fuentes de energía alternativas.

Algunos proyectos están explorando mecanismos de consenso alternativos, como Proof-of-Stake y Proof-of-Authority, que consumen menos energía en comparación con PoW. La evaluación de la sostenibilidad de estos mecanismos implica la evaluación de sus compensaciones en materia de seguridad, descentralización y eficiencia energética.

Además, es crucial evaluar el impacto ambiental de las aplicaciones de cadena de bloques, como la minería de criptomonedas o la trazabilidad de la cadena de suministro. Comprender el potencial para reducir la huella de carbono, promover prácticas sostenibles o utilizar la tecnología cadena de bloques para la conservación del medio ambiente es esencial para evaluar la sostenibilidad.

Evaluación del Equipo de Desarrollo

La inversión en criptomonedas ha experimentado un crecimiento exponencial en los últimos años, atrayendo a inversores de todos los ámbitos de la vida. En esta industria dinámica y en rápida evolución, el éxito de un proyecto de criptomoneda depende en gran medida de las capacidades y la experiencia de su equipo de desarrollo. La evaluación del equipo de desarrollo es un aspecto crucial para tomar decisiones de inversión informadas. Esta sección profundiza en los factores clave que los inversores deben tener en cuenta a la hora de evaluar al equipo de desarrollo en la inversión en criptomonedas, incluyendo su experiencia, conocimientos técnicos, transparencia y compromiso con la comunidad. Al evaluar minuciosamente al equipo de desarrollo, los inversores pueden obtener información valiosa y mejorar sus posibilidades de realizar inversiones exitosas.

El equipo de desarrollo forma la columna vertebral de cualquier proyecto de criptomonedas. Sus conocimientos, habilidades y experiencia son fundamentales para el éxito del proyecto. Los inversores deben reconocer el papel crucial que desempeña el equipo de desarrollo en la determinación de la credibilidad, la innovación y la viabilidad a largo plazo del proyecto.

Los inversores deben evaluar el historial del equipo de desarrollo y los logros anteriores en la industria de las criptomonedas. El examen de sus proyectos, contribuciones y éxitos anteriores proporciona información sobre su capacidad para obtener resultados y superar desafíos.

La evaluación de la experiencia técnica del equipo de desarrollo es primordial. Tenga en cuenta sus cualificaciones, experiencia y dominio de lenguajes de programación, criptografía y sistemas distribuidos. Es probable que un equipo altamente calificado cree una infraestructura de cadena de bloques robusta y segura.

Los proyectos exitosos de criptomonedas a menudo surgen de equipos que demuestran innovación y un historial de resolución de problemas. Investigue la capacidad del equipo para pensar fuera de la caja, desarrollar soluciones novedosas y navegar por entornos tecnológicos complejos.

La transparencia es un aspecto crucial a la hora de evaluar al equipo de desarrollo. Busca proyectos que adopten principios de código abierto, lo que permite a la comunidad revisar y contribuir al código base. Esto fomenta la confianza, la colaboración y el desarrollo colectivo.

Las auditorías de código independientes realizadas por empresas externas de renombre proporcionan una capa adicional de seguridad. Los inversores deben evaluar si el equipo de desarrollo aborda las vulnerabilidades o debilidades identificadas durante estas auditorías.

Un equipo de desarrollo transparente comunica su visión, hitos y progreso a través de una hoja de ruta clara. Las actualizaciones periódicas y los informes de progreso demuestran la responsabilidad y mantienen informada a la comunidad.

La participación de la comunidad es crucial en el espacio de las criptomonedas. Evalúe la participación del equipo de desarrollo en foros, plataformas de redes sociales y comunidades en línea. La participación activa indica accesibilidad, capacidad de respuesta y un compromiso para fomentar un ecosistema de apoyo.

El tamaño y la vitalidad de la comunidad de desarrolladores asociada a un proyecto pueden proporcionar información sobre su potencial para la innovación continua y la sostenibilidad a largo plazo.

El equipo de desarrollo debe escuchar activamente e incorporar los comentarios de la comunidad. Este enfoque colaborativo garantiza que el proyecto se beneficie de diversas perspectivas e ideas.

Evaluar la estructura de gobernanza del proyecto y los procesos de toma de decisiones. Evalúe si la toma de decisiones es descentralizada, si involucra a múltiples partes interesadas o si existe un mecanismo de consenso. Los modelos de gobernanza transparentes reducen el riesgo de centralización y promueven la participación de la comunidad.

La estabilidad dentro del equipo de desarrollo central es vital. La alta rotación o la falta de continuidad pueden impedir el progreso y crear incertidumbre. Los inversores deben buscar pruebas de la cohesión del equipo, el compromiso a largo plazo y los planes de contingencia.

Evalúe las asociaciones del proyecto con organizaciones de renombre, incluidas empresas de tecnología, instituciones académicas o líderes de la industria. Estas asociaciones pueden proporcionar acceso a recursos, experiencia y oportunidades de adopción más amplias.

Las colaboraciones activas con otros proyectos o la participación en iniciativas de la industria demuestran un enfoque cooperativo y un compromiso con el crecimiento y el avance colectivos.

Análisis de Tokenómica y Casos de Uso

En la inversión en criptomonedas, la tokenómica se refiere al modelo económico y al diseño de un activo digital. El análisis de tokenomics es un aspecto crucial para evaluar el potencial de inversión de un proyecto de criptomoneda. Implica comprender la utilidad, la distribución y los incentivos económicos del token del proyecto. Además, la evaluación de los casos de uso de una criptomoneda ayuda a determinar sus aplicaciones en el mundo real y su potencial de adopción. Esta sección explora la importancia de analizar la tokenómica y los casos de uso en la inversión en criptomonedas, centrándose en factores clave como el suministro de tokens, la distribución, la gobernanza, el staking y la propuesta de valor del proyecto. Al profundizar en estos aspectos, los inversores pueden tomar decisiones informadas e identificar proyectos con fundamentos sólidos y potencial de crecimiento a largo plazo.

Tokenomics examina la utilidad y función del token de una criptomoneda dentro de su ecosistema. Los tokens pueden servir para varios propósitos, incluida la facilitación de transacciones, la concesión de acceso a servicios o funciones, o la representación de la propiedad o los derechos de voto.

Evaluar el suministro de tokens es crucial para comprender el valor potencial y la escasez de una criptomoneda. Deben tenerse en cuenta factores como la oferta máxima, los mecanismos inflacionarios o deflacionarios y los calendarios de emisión de tokens.

Evaluar cómo se distribuyen los tokens entre las partes interesadas es vital. Un modelo de distribución justo y equilibrado reduce el riesgo de concentración y garantiza una mayor participación y adopción.

Los mecanismos de staking son una característica común de los proyectos de criptomonedas, ya que permiten a los propietarios de tokens bloquear sus tokens para proteger la red y cobrar recompensas. El análisis del modelo de staking y la estructura de recompensas proporciona información sobre los rendimientos potenciales para los inversores y la seguridad de la red.

Entender el modelo de gobernanza del proyecto es esencial. Los mecanismos de gobernanza permiten a los poseedores de tokens participar en los procesos de toma de decisiones, como las actualizaciones de protocolos, las asignaciones de fondos o los ajustes de parámetros. La evaluación del nivel de descentralización y participación de la comunidad en la gobernanza mejora la transparencia y garantiza la alineación de intereses.

Analizar los casos de uso de una criptomoneda implica evaluar su aplicabilidad y relevancia dentro de industrias o sectores específicos. Busque proyectos que se centren en problemas del mundo real y proporcionen soluciones innovadoras, ya que es más probable que atraigan la adopción y generen valor a largo plazo.

La evaluación de asociaciones e integraciones con empresas o plataformas existentes proporciona información sobre el potencial de adopción y escalabilidad. Las colaboraciones con organizaciones de renombre indican el reconocimiento de la propuesta de valor del proyecto y su potencial de impacto en el mundo real.

Considere los efectos de red que puede generar un proyecto de criptomonedas. Los fuertes efectos de red son el resultado de una creciente base de usuarios, una mayor adopción y un ecosistema próspero. Los efectos de red aumentan el valor y la sostenibilidad del proyecto.

Realizar un análisis exhaustivo del whitepaper, la documentación técnica y el modelo económico del proyecto. Evaluar la propuesta de valor del proyecto, la demanda del mercado por sus soluciones y su ventaja competitiva.

Evalúe las métricas relacionadas con los tokens, como la capitalización de mercado, la oferta circulante, el volumen de operaciones y el historial de precios. Estas métricas proporcionan información sobre la dinámica del mercado, el sentimiento de los inversores y la tracción general del proyecto.

Evalúe el nivel de participación de la comunidad, la actividad de los desarrolladores y el crecimiento del ecosistema. El fuerte apoyo de la comunidad y las contribuciones activas de los desarrolladores contribuyen al éxito a largo plazo del proyecto.

Investigue el entorno regulatorio que rodea al proyecto y su posible impacto en la utilidad, la adopción y el valor de los tokens. El cumplimiento de los marcos regulatorios es crucial para la sostenibilidad a largo plazo.

Los mercados de criptomonedas son conocidos por su volatilidad. Evalúe la capacidad del proyecto para navegar por las fluctuaciones del mercado y las incertidumbres económicas. Busque estrategias de mitigación de riesgos, como mecanismos de cobertura o gobernanza descentralizada, para protegerse contra posibles riesgos.

Evaluación de la Liquidez y el Volumen del Mercado

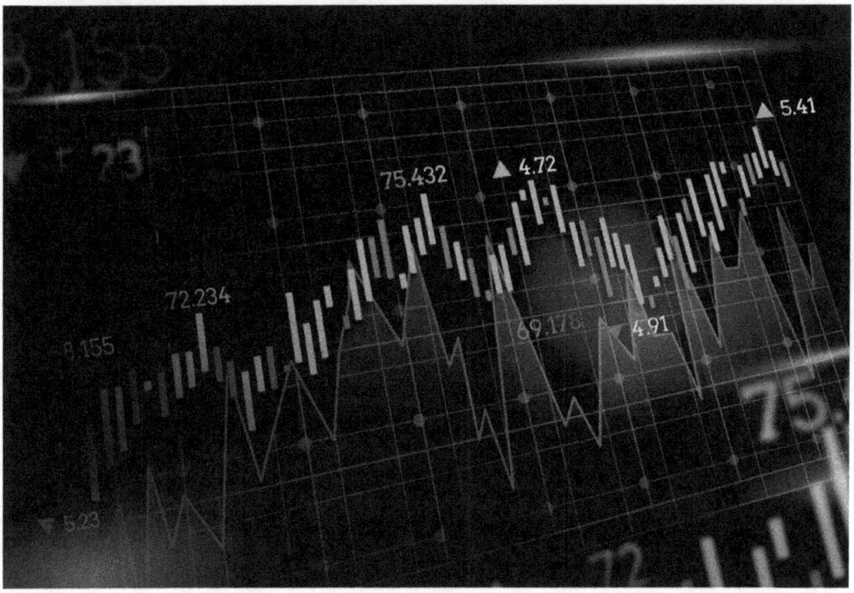

La liquidez del mercado y el volumen de operaciones son factores cruciales a tener en cuenta a la hora de evaluar el atractivo y el potencial de un activo, incluidas las criptomonedas. La facilidad con la que un activo puede ser adquirido o vendido en el mercado sin cambiar significativamente el precio se conoce como liquidez. El volumen de negociación representa el número de acciones o participaciones de un activo negociado en un período determinado. La evaluación de la liquidez y el volumen del mercado es esencial para evaluar la eficiencia del mercado, la estabilidad de los precios y las oportunidades de inversión. En esta sección se explorarán los factores clave que hay que tener en cuenta a la hora de evaluar la liquidez y el volumen del mercado, incluidos los diferenciales entre la oferta y la demanda, la profundidad del libro de órdenes, el volumen de operaciones, la profundidad del mercado y el deslizamiento.

Los diferenciales entre la oferta y la demanda son una métrica fundamental para evaluar la liquidez del mercado. El precio de venta es la cantidad más baja por la que los vendedores están dispuestos a vender el activo, mientras que el precio de oferta indica la cantidad más alta que los compradores están dispuestos a pagar por el artículo. La diferencia entre estos dos precios se conoce como diferencial entre la oferta y la demanda.

Un diferencial estrecho entre la oferta y la demanda indica un mercado líquido con una diferencia de precio mínima entre compradores y vendedores. Por otro lado, un amplio diferencial entre la oferta y la demanda sugiere una baja liquidez, lo que dificulta la ejecución de operaciones a los precios deseados.

La evaluación de los diferenciales entre la oferta y la demanda implica el seguimiento de su anchura y estabilidad a lo largo del tiempo. Los spreads que se mantienen consistentemente estrechos indican un mercado líquido con amplia actividad comercial y precios competitivos. Los spreads amplios o fluctuantes, especialmente durante un alto volumen de negociación o volatilidad del mercado, pueden indicar restricciones de liquidez o una reducción de la eficiencia del mercado.

La profundidad del libro de órdenes es otro factor importante a tener en cuenta a la hora de evaluar la liquidez del mercado. La lista de órdenes de compra y venta para un determinado activo a diferentes niveles de precios está representada por el libro de órdenes. Evaluar la profundidad del libro de órdenes implica evaluar el número y el tamaño de las órdenes de compra y venta a diferentes puntos de precio.

Un libro de órdenes profundo indica un mercado líquido con una actividad comercial significativa y un número sustancial de compradores, así como vendedores en varios niveles de precios. La profundidad en el libro de órdenes implica que suficientes participantes están dispuestos a realizar transacciones a diferentes puntos de precio, lo que mejora la eficiencia del mercado y reduce el impacto potencial de grandes órdenes de compra o venta.

El seguimiento de la profundidad del libro de órdenes implica analizar la distribución de las órdenes de compra y venta en diferentes niveles de precios. Un libro de órdenes bien distribuido con órdenes en varios puntos de precio significa una liquidez de mercado saludable, mientras que un libro de órdenes muy concentrado en niveles de precios específicos puede indicar desequilibrios de liquidez o una posible manipulación de precios.

El volumen de operaciones es una métrica fundamental para evaluar la liquidez y la actividad del mercado. Representa el número total de acciones o participaciones de un activo negociado dentro de un período específico, como un día o una hora. Los volúmenes de negociación más altos generalmente indican una mayor liquidez del mercado, ya que más participantes compran y venden activamente el activo.

Evaluar el volumen de operaciones implica analizar su magnitud, tendencia y consistencia a lo largo del tiempo. Los mayores volúmenes de negociación durante los períodos de actividad del mercado o los eventos noticiosos significativos sugieren un mayor interés de los inversores y una mayor participación en el mercado.

El seguimiento del volumen de operaciones junto con los movimientos de los precios puede proporcionar información sobre la dinámica del mercado. El mayor volumen de operaciones y los movimientos significativos de los precios sugieren tendencias de mercado más fuertes y posibles oportunidades de negociación. Por el contrario, los bajos volúmenes de negociación junto con el estancamiento de los precios indican una menor actividad en el mercado y un interés de inversión limitado.

La profundidad de mercado se refiere a la disponibilidad de órdenes de compra y venta a diferentes niveles de precios en el mercado. Evaluar la profundidad del mercado implica evaluar el tamaño y la liquidez del libro de órdenes en varios puntos de precio.

La profundidad profunda del mercado implica un mercado líquido con un número significativo de compradores y vendedores a diferentes niveles de precios. Esta profundidad facilita la ejecución de grandes operaciones sin causar movimientos significativos de precios o deslizamientos.

Evaluar la profundidad del mercado implica analizar la distribución de las órdenes de compra y venta en diferentes niveles de precios y monitorear su estabilidad a lo largo del tiempo. Un libro de órdenes distribuido uniformemente con una liquidez sustancial en varios puntos de precio indica un mercado líquido con una sólida profundidad de mercado. Por el contrario, una profundidad de mercado muy concentrada en niveles de precios específicos o propensa a cambios repentinos puede sugerir una menor liquidez y una mayor volatilidad de los precios.

El deslizamiento es la diferencia entre cuál es el precio esperado de un activo y cuál es el precio real cuando se realiza la operación. El deslizamiento puede ocurrir en mercados ilíquidos o cuando se ejecutan grandes operaciones que exceden la liquidez disponible.

La evaluación del deslizamiento implica comparar el precio de ejecución esperado con el precio de ejecución real y calcular la diferencia. Un deslizamiento más bajo indica un mercado líquido con suficiente actividad comercial y un impacto mínimo en el precio al ejecutar operaciones. Un mayor deslizamiento sugiere una menor liquidez, lo que dificulta la entrada o salida de posiciones a los precios deseados.

El seguimiento del deslizamiento en diferentes tamaños de operaciones y condiciones del mercado ayuda a evaluar la liquidez del mercado y el impacto potencial de las grandes operaciones. Un deslizamiento más bajo, incluso para operaciones de mayor tamaño, indica una mayor liquidez del mercado y una ejecución eficiente de las órdenes.

La eficiencia del mercado es el grado en que los precios en el mercado reflejan toda la información disponible. Evaluar la eficiencia del mercado implica evaluar la velocidad y la precisión de los precios ajustándose a la nueva información, reduciendo el potencial de oportunidades de arbitraje.

Los mercados eficientes suelen presentar ajustes rápidos de precios, diferenciales mínimos entre la oferta y la demanda y bajos niveles de manipulación de precios. Evaluar la eficiencia del mercado implica analizar los movimientos de precios, los diferenciales entre la oferta y la demanda, los volúmenes de negociación y el panorama general de liquidez.

Los mercados eficientes brindan a los participantes oportunidades comerciales justas y transparentes, lo que garantiza que los precios reflejen con precisión la dinámica de la oferta y la demanda. La evaluación de la eficiencia del mercado ayuda a los inversores a medir la fiabilidad de las señales de precios y a tomar decisiones de trading informadas.

Factores que Afectan los Precios de las Criptomonedas

Las criptomonedas han experimentado una volatilidad significativa desde sus inicios, con precios que se han disparado a nuevos máximos y se han desplomado a mínimos dramáticos. Comprender los factores que influyen en los precios de las criptomonedas es crucial para los inversores, comerciantes y entusiastas. Varios factores económicos, tecnológicos, regulatorios y de mercado contribuyen a los movimientos de precios en el mercado de criptomonedas. Esta sección explorará los factores clave que afectan los precios de las criptomonedas, incluida la demanda y la adopción del mercado, los avances tecnológicos, los desarrollos regulatorios, el sentimiento del mercado y los factores macroeconómicos.

La demanda y la adopción del mercado juegan un papel fundamental en la determinación de los precios de las criptomonedas. El nivel de interés, aceptación y uso de las criptomonedas entre individuos, empresas e inversores institucionales influye en su demanda y, en consecuencia, en sus precios.

El sentimiento positivo o negativo dentro del mercado puede afectar significativamente los precios de las criptomonedas. Las noticias positivas, como la adopción institucional, la claridad regulatoria o el lanzamiento de nuevos casos de uso, pueden impulsar la demanda y hacer subir los precios. Por el contrario, las noticias negativas, como las violaciones de seguridad, las medidas enérgicas contra la regulación o las acusaciones de manipulación del mercado, pueden frenar el sentimiento de los inversores y provocar caídas de precios.

El nivel de adopción por parte de los usuarios y el número de carteras y direcciones de criptomonedas activas reflejan la demanda de criptomonedas. Las tasas de adopción más altas indican una mayor utilidad y aceptación de las criptomonedas, lo que impulsa la demanda y puede conducir a la apreciación de los precios. Los factores que contribuyen a la adopción por parte de los usuarios incluyen la facilidad de uso, la accesibilidad, la velocidad de las transacciones, la seguridad y la disponibilidad de casos de uso en el mundo real.

La entrada de inversores institucionales e instituciones financieras tradicionales en el mercado de las criptomonedas tiene un impacto significativo en los precios. La adopción institucional aporta una mayor liquidez, estabilidad del mercado y una base de inversores más amplia. Los cambios regulatorios positivos, como el establecimiento de servicios de custodia regulados o la introducción de fondos cotizados en bolsa (ETF) de criptomonedas, podrían aumentar la adopción institucional y elevar los precios.

Los avances tecnológicos y las innovaciones dentro de las criptomonedas pueden influir en los precios al mejorar la funcionalidad, la seguridad y la escalabilidad de las criptomonedas y las redes cadena de bloques.

Las actualizaciones de las redes cadena de bloques existentes o el desarrollo de nuevas soluciones cadena de bloques pueden afectar a los precios de las criptomonedas. Las actualizaciones significativas que mejoran la escalabilidad, la velocidad de las transacciones, la seguridad o los mecanismos de gobernanza pueden aumentar la confianza del mercado y atraer a nuevos usuarios e inversores. Por ejemplo, la introducción de la actualización Ethereum 2.0, que tiene como objetivo abordar los problemas de escalabilidad, puede tener un impacto positivo en el precio de Ether (ETH).

El desarrollo de nuevos casos de uso y aplicaciones para las criptomonedas puede impulsar la demanda y la apreciación de los precios. Las soluciones innovadoras que abordan los desafíos del mundo real o alteran las industrias tradicionales pueden atraer la atención y la inversión, aumentando la demanda de la criptomoneda subyacente. Por ejemplo, la aparición de plataformas de finanzas descentralizadas (DeFi) ha impulsado la demanda de Ethereum y otras criptomonedas que impulsan estas aplicaciones.

Las asociaciones entre los proyectos de cadena de bloques, las empresas de tecnología y los actores de la industria pueden aumentar la confianza del mercado y hacer subir los precios. Las colaboraciones que aprovechan las características únicas de la tecnología cadena de bloques para resolver problemas complejos o mejorar la eficiencia pueden aumentar la utilidad y la demanda de las criptomonedas asociadas.

Los desarrollos regulatorios y las acciones gubernamentales tienen un impacto significativo en los precios de las criptomonedas, dando forma a la accesibilidad del mercado, la confianza de los inversores y los marcos legales.

Unos marcos normativos claros y favorables que apoyen la innovación y proporcionen seguridad jurídica pueden fomentar la participación en el mercado e impulsar los precios al alza. La claridad regulatoria reduce la incertidumbre, aborda las preocupaciones sobre el fraude o el lavado de dinero y promueve la adopción institucional.

Por el contrario, las medidas regulatorias como prohibiciones, restricciones o regulaciones desfavorables pueden afectar negativamente los precios de las criptomonedas. Las acciones gubernamentales que limitan la accesibilidad al mercado, imponen regulaciones estrictas o prohíben las actividades de criptomonedas pueden amortiguar el sentimiento de los inversores y reducir la demanda.

Los desarrollos regulatorios en las principales economías, como Estados Unidos, China y la Unión Europea, pueden afectar significativamente los precios de las criptomonedas. Estas jurisdicciones son cruciales para dar forma a los estándares regulatorios globales y las tendencias del mercado. Las noticias sobre posibles cambios o restricciones regulatorias pueden provocar volatilidad en los precios e influir en el sentimiento del mercado.

El sentimiento del mercado y el comportamiento especulativo afectan significativamente los precios de las criptomonedas. Los factores psicológicos del miedo, la codicia y la incertidumbre pueden llevar los precios a máximos o mínimos extremos.

El miedo y la codicia son emociones poderosas que impulsan las decisiones de los participantes del mercado. El miedo puede llevar a ventas de pánico y caídas de precios, mientras que la codicia puede alimentar frenesíes de compra y burbujas de precios. Los indicadores de sentimiento, como los índices de miedo y codicia, el análisis de sentimiento de las redes sociales y las encuestas de sentimiento del mercado, pueden proporcionar información sobre el sentimiento predominante y los posibles movimientos de precios.

Los mercados de criptomonedas son susceptibles de manipulación debido a su capitalización de mercado relativamente pequeña y su baja liquidez en comparación con los mercados financieros tradicionales. Los esquemas de bombeo y descarga, la suplantación de identidad y el comercio de lavado son ejemplos de prácticas manipuladoras que pueden inflar o desinflar artificialmente los precios. La manipulación del mercado puede crear falsas percepciones de la demanda o la oferta, lo que conduce a distorsiones de precios.

Los mercados de criptomonedas atraen a traders especulativos que buscan ganancias a corto plazo. Las estrategias de trading especulativo, como el day trading, el trading de margen y el trading algorítmico, pueden introducir una alta volatilidad y amplificar los movimientos de precios. Las acciones de los especuladores pueden crear burbujas de precios o desencadenar rápidas caídas de precios.

Los factores macroeconómicos, incluidas las condiciones económicas globales, las políticas monetarias y los eventos geopolíticos, pueden influir en los precios de las criptomonedas debido a su impacto en el sentimiento de los inversores y los flujos de capital.

La inestabilidad económica, las recesiones o las crisis financieras pueden aumentar la demanda de activos alternativos, incluidas las criptomonedas, ya que los inversores buscan diversificar sus carteras y protegerse contra los riesgos tradicionales del mercado. Las criptomonedas, en particular Bitcoin, a menudo se denominan "oro digital" o una reserva de valor durante la incertidumbre económica.

Las criptomonedas a menudo se consideran una cobertura contra la inflación y las políticas de los bancos centrales. Las noticias sobre cambios en las políticas monetarias, las tasas de interés o las medidas de flexibilización cuantitativa pueden influir en los precios de las criptomonedas, ya que los inversores anticipan el impacto potencial en las monedas fiduciarias tradicionales.

Los acontecimientos geopolíticos, como las guerras comerciales, la inestabilidad política o los cambios normativos, pueden crear incertidumbre y afectar al sentimiento de los inversores. Las noticias sobre eventos geopolíticos significativos pueden conducir a la volatilidad de los precios a medida que los inversores evalúan las posibles implicaciones para las criptomonedas y la tecnología cadena de bloques.

CAPÍTULO IV

Análisis Técnico para la Inversión en Criptomonedas

Fundamentos del Análisis Técnico

El análisis técnico es un enfoque ampliamente utilizado en los mercados financieros, incluidas las criptomonedas, para predecir los movimientos futuros de los precios en función de los datos históricos de precios y las estadísticas del mercado. Los analistas intentan identificar tendencias, niveles de soporte y resistencia, y posibles señales de compra o venta examinando patrones de precios, formaciones de gráficos y varios indicadores técnicos. Comprender los conceptos básicos del análisis técnico es esencial para los traders e inversores que buscan tomar decisiones informadas. Esta sección explorará los componentes clave del análisis técnico, incluidos los gráficos de precios, los niveles de soporte y resistencia, las líneas de tendencia, los patrones gráficos y los indicadores técnicos populares.

Los gráficos de precios son la principal herramienta utilizada en el análisis técnico para visualizar datos históricos de precios e identificar patrones y tendencias. Hay varios tipos de gráficos de precios, incluidos los gráficos de líneas, los gráficos de barras y los gráficos de velas. Los gráficos de velas son los más utilizados en el análisis técnico porque proporcionan información detallada sobre los movimientos de precios.

Los gráficos de líneas conectan los precios de cierre de un activo durante un período específico mediante una línea continua. Proporcionan una visión simplificada de las tendencias de los precios, pero es posible que no capturen los movimientos de precios intradía ni la volatilidad.

Los gráficos de barras muestran los precios máximos, mínimos, de apertura y de cierre de un activo para cada período de tiempo. Las barras verticales representan el rango de precios, con la parte superior de la barra indicando el precio máximo y la parte inferior indicando el precio bajo. Una línea horizontal a la izquierda de la barra representa el precio de apertura, mientras que una línea a la derecha representa el precio de cierre.

Los gráficos de velas proporcionan una representación visual de los movimientos de precios similar a los gráficos de barras, pero con información adicional. Cada vela representa una cantidad particular de tiempo, como un día o una hora. El cuerpo de la vela está coloreado, con diferentes colores que indican si el precio de cierre fue más alto o más bajo que el precio de apertura. Una vela verde o blanca significa un aumento de precio (alcista), mientras que una vela roja o negra significa una disminución del precio (bajista).

En el análisis técnico, los niveles de soporte y resistencia son ideas cruciales que ayudan a identificar los niveles de precios en los que se espera que el precio de un activo se encuentre con la presión de compra o venta.

Los niveles de soporte son niveles de precios en los que se espera que el interés de compra sea lo suficientemente fuerte como para evitar que el precio caiga aún más. Estos niveles actúan como un piso para el precio, y a menudo se observa un aumento de la actividad de compra a medida que el precio se acerca a un nivel de soporte. Los traders pueden utilizar los niveles de soporte como posibles puntos de entrada para comprar un activo.

Los precios a los que se prevé que la presión de venta sea lo suficientemente intensa como para evitar aumentos adicionales de los precios se denominan niveles de resistencia. Estos niveles actúan como un techo para el precio, y a menudo se observa un aumento de la actividad de venta a medida que el precio se acerca a un nivel de resistencia. Los traders pueden utilizar los niveles de resistencia como posibles puntos de salida para vender un activo.

El análisis de los datos de precios pasados, la observación de las regiones en las que el precio ha cambiado históricamente de dirección y el análisis de los patrones gráficos son necesarios para identificar los niveles de soporte y resistencia. Las rupturas por encima de los niveles de resistencia o por debajo de los niveles de soporte pueden indicar posibles cambios de tendencia o la continuación de una tendencia existente.

Las líneas de tendencia son líneas diagonales dibujadas en un gráfico de precios para conectar una serie de mínimos más altos (tendencia alcista) o máximos más bajos (tendencia bajista). Las líneas de tendencia se pueden utilizar para determinar posibles puntos de entrada o salida y para identificar la dirección y la fuerza de una tendencia.

Las líneas de tendencia alcista se dibujan conectando una serie de mínimos más altos. Actúan como niveles de soporte dinámicos, lo que indica que la presión de compra es consistentemente más fuerte que la presión de venta. Los traders pueden utilizar las líneas de tendencia alcista como posibles puntos de entrada para comprar un activo.

Las líneas de tendencia bajista se dibujan conectando una serie de máximos más bajos. Actúan como niveles de resistencia dinámicos, lo que indica que la presión de venta es consistentemente más fuerte que la presión de compra. Los traders pueden utilizar las líneas de tendencia bajista como posibles puntos de salida para vender un activo.

Las líneas de tendencia deben dibujarse cuidadosamente, asegurándose de que conecten al menos dos puntos de precio significativos y se alineen con la tendencia general del precio. Cuantas más veces se pruebe y se mantenga una línea de tendencia, más fuerte se considerará.

Los patrones gráficos son formaciones recurrentes en los gráficos de precios que pueden proporcionar información sobre los movimientos futuros de los precios. Los traders a menudo buscan patrones gráficos específicos para identificar posibles cambios de tendencia, continuaciones de tendencia o la formación de fases de consolidación de precios.

Un patrón de reversión bajista que consta de tres picos, con el pico central (cabeza) más alto que los otros dos (hombros) se denomina patrón de cabeza y hombros. El patrón sugiere que es probable que el precio se revierta de una tendencia alcista a una tendencia bajista.

Un patrón de reversión bajista caracterizado por dos picos consecutivos de altura similar, lo que indica que la presión de compra está disminuyendo, se conoce como patrón de doble techo. Por el contrario, el patrón de doble suelo es un patrón de reversión alcista caracterizado por dos valles consecutivos de profundidad similar, lo que indica que la presión de venta está disminuyendo.

Los triángulos son patrones gráficos que indican un período de consolidación antes de que el precio rompa en una dirección particular. Hay tres tipos principales de triángulos: triángulos ascendentes (continuación alcista), triángulos descendentes (continuación bajista) y triángulos simétricos (neutral).

Los banderines y las banderas son patrones de continuación a corto plazo que se producen después de un fuerte movimiento de precios. Las banderas son patrones rectangulares, mientras que los banderines son patrones triangulares. Ambos patrones sugieren que es probable que el precio continúe en la dirección de la tendencia anterior después de una breve fase de consolidación.

Los indicadores técnicos son cálculos matemáticos aplicados a los datos de precios para generar señales de trading e identificar posibles puntos de entrada o salida. Varios tipos de indicadores técnicos incluyen indicadores de seguimiento de tendencias, osciladores e indicadores basados en el volumen. Estos son algunos indicadores técnicos populares:

Las medias móviles calculan el precio promedio durante un período de tiempo específico y reducen las oscilaciones de precios. Ayudan a identificar la tendencia general y los posibles niveles de soporte y resistencia. Las medias móviles se pueden clasificar como medias móviles simples (SMA) o medias móviles exponenciales (EMA).

Un oscilador que mide la velocidad y la variedad de los cambios de precios se llama Índice de Fuerza Relativa (RSI). Ayuda a los traders a identificar probables cambios de tendencia indicando si un activo está sobrecomprado o sobrevendido.

La Divergencia de Convergencia de Medias Móviles, a menudo conocida como MACD, es un indicador de impulso que sigue la tendencia y que consta de dos líneas: la línea MACD y la línea de señal. Los cruces entre estas líneas y sus posiciones en relación con la línea cero pueden generar señales de compra o venta.

Las Bandas de Bollinger constan de tres líneas: la banda media (SMA) y las bandas superior e inferior, que representan dos desviaciones estándar de la banda media. Las Bandas de Bollinger ayudan a identificar períodos de baja volatilidad (bandas estrechas) y posibles reversiones o rupturas de precios (bandas anchas).

Indicadores técnicos Comunes y Patrones Gráficos

El análisis técnico se basa en varios indicadores y patrones gráficos para interpretar y predecir los movimientos de precios en los mercados financieros, incluidas las criptomonedas. Estas herramientas ofrecen información valiosa sobre las tendencias del mercado, el impulso, los niveles de soporte y resistencia, y las posibles oportunidades de trading. Al comprender los indicadores técnicos comunes y los patrones gráficos, los traders e inversores pueden tomar decisiones informadas basadas en datos históricos de precios. Esta sección explorará algunos de los indicadores técnicos y patrones gráficos más utilizados, incluidas las medias móviles, el índice de fuerza relativa (RSI), el retroceso de Fibonacci y el patrón de cabeza y hombros.

Las medias móviles son indicadores técnicos versátiles y ampliamente utilizados que ayudan a identificar tendencias y posibles puntos de entrada o salida en el mercado. Suavizan los datos de precios calculando el precio promedio durante un período específico, lo que proporciona una imagen más clara de la tendencia general.

La media móvil simple (SMA) calcula el precio medio en periodos específicos. Se traza como una línea en el gráfico de precios y ayuda a los operadores a identificar la dirección general de la tendencia. Cuanto más largo sea el período de tiempo utilizado para el cálculo, más suave será la línea de la media móvil.

La SMA es comparable a la media móvil exponencial (EMA), pero la EMA es más sensible a los cambios en el mercado, ya que da más peso a los datos de precios recientes. La EMA hace hincapié en los movimientos actuales de los precios, lo que puede ayudar a identificar cambios de tendencia o aceleraciones de tendencia.

Las medias móviles se pueden utilizar de varias maneras, como identificar la dirección de la tendencia, determinar los niveles de soporte y resistencia, y generar señales de trading cuando diferentes medias móviles se cruzan entre sí.

El Índice de Fuerza Relativa (RSI), un oscilador popular, mide la rapidez y la frecuencia con la que cambian los precios. Se utiliza para determinar cuándo el mercado está sobrecomprado o sobrevendido y oscila entre 0 y 100.

Cuando el RSI alcanza o supera 70, se considera sobrecomprado, lo que sugiere que el activo puede estar a punto de sufrir una corrección o reversión del precio. Por el contrario, cuando el RSI cae por debajo de 30, se considera sobrevendido, lo que indica que el activo puede estar infravalorado y a punto de sufrir un posible rebote del precio.

Cuando el precio de un activo se desplaza en la dirección opuesta al RSI, esto se conoce como divergencia. Cuando el precio hace mínimos más bajos y el RSI hace mínimos más altos, esto a menudo se conoce como una divergencia alcista e indica que el mercado puede estar a punto de subir. Por el contrario, la divergencia bajista se produce cuando el precio forma máximos más altos mientras que el RSI forma máximos más bajos, lo que sugiere una posible reversión a la baja.

Además, el RSI se puede utilizar para identificar posibles cambios de tendencia, confirmar la fuerza de una tendencia y generar señales de compra o venta cuando cruza umbrales específicos.

Una herramienta de análisis técnico llamada retroceso de Fibonacci se basa en la secuencia de Fibonacci, un conjunto de números en el que cada número es la suma de los dos que lo preceden. Los niveles de retroceso de Fibonacci son líneas horizontales dibujadas en un gráfico de precios para identificar posibles niveles de soporte y resistencia basados en los ratios de Fibonacci.

Los niveles de retroceso de Fibonacci más utilizados son 23,6%, 38,2%, 50%, 61,8% y 78,6%. Estos niveles indican posibles áreas de soporte o resistencia en las que es probable que el precio se revierta o experimente un retroceso significativo antes de continuar en la dirección de la tendencia predominante.

El alcance de las correcciones de precios dentro de una tendencia más amplia también se puede determinar utilizando el método de retroceso de Fibonacci. Los traders buscan niveles de retroceso que se alineen con otros indicadores técnicos o patrones gráficos para validar posibles puntos de entrada o salida.

El retroceso de Fibonacci es subjetivo y debe usarse junto con otras herramientas técnicas para la confirmación.

El patrón de cabeza y hombros es un patrón gráfico ampliamente reconocido que indica un posible cambio de tendencia de alcista a bajista. Consta de tres picos, con el pico central (cabeza) más alto que los otros dos (hombros).

El patrón de cabeza y hombros está formado por un hombro izquierdo, un pico más alto (cabeza) y un hombro derecho. El escote conecta los bajos entre los hombros izquierdo y derecho. Una ruptura por debajo de la línea del cuello se considera una confirmación del patrón y una señal potencial para vender o vender en corto el activo.

La distancia desde la cabeza hasta la línea del cuello se puede utilizar para estimar el precio objetivo potencial para el posterior movimiento a la baja. Los traders a menudo proyectan esta distancia por debajo de la línea del cuello para identificar posibles niveles de soporte en los que el precio puede estabilizarse temporalmente.

Un poderoso patrón de reversión que puede proporcionar información valiosa sobre los cambios de tendencia y los posibles objetivos de precios se conoce como patrón de cabeza y hombros.

Los patrones de reversión que se producen después de una tendencia alcista o bajista prolongada se conocen como patrones de doble techo y doble fondo. Señalan un posible cambio de tendencia y brindan oportunidades para que los traders entren o salgan de posiciones.

El patrón de doble techo consiste en dos picos consecutivos de altura similar, lo que indica que la presión de compra está disminuyendo. El patrón sugiere que el precio puede revertirse y entrar en una tendencia bajista. Los traders a menudo buscan una ruptura por debajo de la línea del cuello, que conecta los mínimos entre los dos picos, como confirmación del patrón.

El patrón de doble suelo es lo opuesto al patrón de doble techo. Consiste en dos valles consecutivos de profundidad similar, lo que indica que la presión de venta está disminuyendo. El patrón sugiere que el precio puede revertirse y entrar en una tendencia alcista. Los traders a menudo buscan una ruptura por encima de la línea del cuello, que conecta los máximos entre los dos valles, como confirmación del patrón.

Los patrones de doble techo y doble suelo proporcionan a los traders posibles puntos de entrada o salida, ya que señalan un cambio en el sentimiento del mercado y el posible final de una tendencia.

Comprender los Niveles de Soporte y Resistencia

Los niveles de soporte y resistencia son conceptos fundamentales en el análisis técnico que ayudan a los traders e inversores a identificar los niveles de precios críticos en los que es probable que el precio de un activo se encuentre con una presión de compra o venta. Estos niveles actúan como barreras psicológicas y proporcionan información valiosa sobre la dinámica del mercado, los cambios de tendencia y los posibles puntos de entrada o salida. Comprender los niveles de soporte y resistencia es esencial para analizar eficazmente los gráficos de precios y tomar decisiones comerciales informadas. En esta sección, exploraremos el concepto de soporte y resistencia, su importancia en el análisis técnico, cómo identificarlos y su papel en el comportamiento del mercado.

Los niveles de soporte y resistencia son niveles de precios horizontales o diagonales en los que el precio de un activo tiende a estancarse, revertirse o experimentar una mayor presión de compra o venta.

Los niveles de soporte son niveles de precios en los que se espera que el interés de compra sea lo suficientemente fuerte como para evitar que el precio siga cayendo. Estos niveles actúan como un piso para el precio, creando una barrera que limita los movimientos a la baja. Cuando el precio se acerca a un nivel de soporte, a menudo surge un aumento de la actividad de compra, lo que hace que el precio vuelva a subir.

Los precios a los que se prevé que la presión de venta sea lo suficientemente intensa como para evitar aumentos adicionales de los precios se denominan niveles de resistencia. Estos niveles actúan como un techo para el precio, creando una barrera que restringe los movimientos alcistas. Cuando el precio se acerca a un nivel de resistencia, a menudo surge una mayor actividad de venta, lo que hace que el precio vuelva a bajar.

Los niveles de soporte y resistencia representan áreas de desequilibrio entre la oferta y la demanda, lo que refleja las acciones y expectativas colectivas de los participantes en el mercado. Estos niveles pueden formarse en varios puntos de precio y son dinámicos, cambiando a medida que cambian las condiciones del mercado.

Identificar los niveles de soporte y resistencia implica analizar los datos históricos de precios y observar el comportamiento de los precios en los gráficos de precios. Se pueden utilizar varios métodos para identificar estos niveles de manera efectiva:

Los máximos oscilantes representan los picos locales de precio, mientras que los mínimos oscilantes representan los valles locales. Estos picos y valles se pueden conectar para formar líneas de tendencia, actuando como niveles de resistencia o soporte. Las líneas de tendencia dibujadas a través de los máximos de oscilación actúan como resistencia, mientras que las líneas de tendencia dibujadas a través de los mínimos de oscilación actúan como soporte.

Los niveles horizontales de soporte y resistencia están formados por niveles de precios en los que el precio ha invertido la dirección varias veces. Los traders suelen buscar zonas en las que el precio ha encontrado previamente resistencia o soporte y utilizan estos niveles para anticipar futuros movimientos de precios.

Las medias móviles, como la media móvil simple (SMA) o la media móvil exponencial (EMA), pueden actuar como niveles dinámicos de soporte o resistencia. Cuando el precio se acerca a una media móvil desde abajo, puede encontrar soporte y recuperarse. Por el contrario, cuando el precio se acerca a una media móvil desde arriba, puede encontrar resistencia e invertir su dirección.

Los números redondos, como USD 10,000 o USD 100, también pueden actuar como niveles de soporte o resistencia debido a su importancia psicológica. Los participantes del mercado pueden colocar órdenes o tomar niveles de ganancias cerca de números redondos, lo que lleva a una mayor actividad de compra o venta en estos niveles.

Los niveles de soporte y resistencia juegan un papel crucial en el comportamiento del mercado y la dinámica de los precios. Proporcionan información sobre la psicología de los participantes en el mercado y contribuyen a formar varios patrones gráficos y estrategias comerciales.

Los niveles de soporte y resistencia a menudo actúan como puntos de decisión para los traders. Cuando el precio se acerca a un nivel de soporte, los traders evalúan si se mantendrá o se romperá. Cuando el precio sube por encima de un nivel de resistencia, esto se conoce como ruptura e indica que la tendencia alcista puede continuar. Por el contrario, una ruptura ocurre cuando el precio se mueve por debajo de un nivel de soporte, lo que indica una posible continuación de la tendencia bajista.

Una vez que se rompe un nivel de soporte, a menudo se convierte en un nivel de resistencia, y viceversa. Este fenómeno se conoce como inversión de roles. Los traders monitorean de cerca estos niveles para identificar posibles reversiones o continuaciones de tendencia.

Los niveles de soporte y resistencia también pueden contribuir a la formación de patrones de consolidación de precios, como rectángulos o triángulos. Durante la consolidación, el precio se mueve dentro de un rango definido por los niveles de soporte y resistencia. Los traders pueden emplear estrategias de trading de rango, comprando cerca del soporte y vendiendo cerca de la resistencia, hasta que se produzca una ruptura o ruptura.

Los niveles de retroceso de Fibonacci, derivados de la secuencia de Fibonacci, se pueden utilizar junto con los niveles de soporte y resistencia. Los traders a menudo buscan la confluencia entre los niveles de retroceso de Fibonacci y los niveles de soporte o resistencia para validar posibles puntos de entrada o salida.

Analizar los niveles de soporte y resistencia a lo largo de múltiples marcos de tiempo es esencial para comprender su importancia y fiabilidad. Diferentes marcos de tiempo pueden revelar diferentes niveles de soporte y resistencia, proporcionando confirmación adicional o señales contradictorias.

Los marcos de tiempo más altos, como los gráficos semanales o mensuales, pueden ayudar a identificar niveles de soporte y resistencia significativos que tienen un impacto duradero en los movimientos de precios. Los participantes en el mercado suelen respetar estos niveles y pueden orientar las decisiones de inversión a largo plazo.

Los marcos temporales más bajos, como los gráficos horarios o diarios, pueden proporcionar información sobre los niveles de soporte y resistencia a corto plazo. Estos niveles pueden ser más volátiles y estar sujetos a frecuentes rechazos o rupturas.

El análisis de los niveles de soporte y resistencia a lo largo de múltiples marcos de tiempo ayuda a los traders a distinguir entre los niveles fuertes y débiles y a validar las posibles configuraciones de trading.

Las falsas rupturas y falsificaciones ocurren cuando el precio se mueve brevemente por encima de un nivel de resistencia o por debajo de un nivel de soporte, pero rápidamente invierte su dirección. Estos sucesos pueden dar lugar a señales de trading equivocadas y pérdidas para los traders.

Cuando el precio se mueve por encima de un nivel de resistencia, activando señales de compra, pero luego se revierte rápidamente y vuelve a caer por debajo del nivel de resistencia, se produce una falsa ruptura. Las falsas rupturas pueden atrapar a los traders que entraron en posiciones basándose en la señal de ruptura inicial.

Un fakeout ocurre cuando el precio se mueve por debajo de un nivel de soporte, activando señales de venta, pero rápidamente se revierte y vuelve a subir por encima del nivel de soporte. Las falsificaciones pueden provocar pérdidas para los traders que entraron en posiciones cortas basándose en la señal de ruptura inicial.

Los traders pueden minimizar el impacto de las falsas rupturas y falsificaciones esperando señales de confirmación, como patrones de velas o aumento del volumen, antes de entrar o salir de las posiciones.

Aplicación del Análisis Técnico a las Criptomonedas

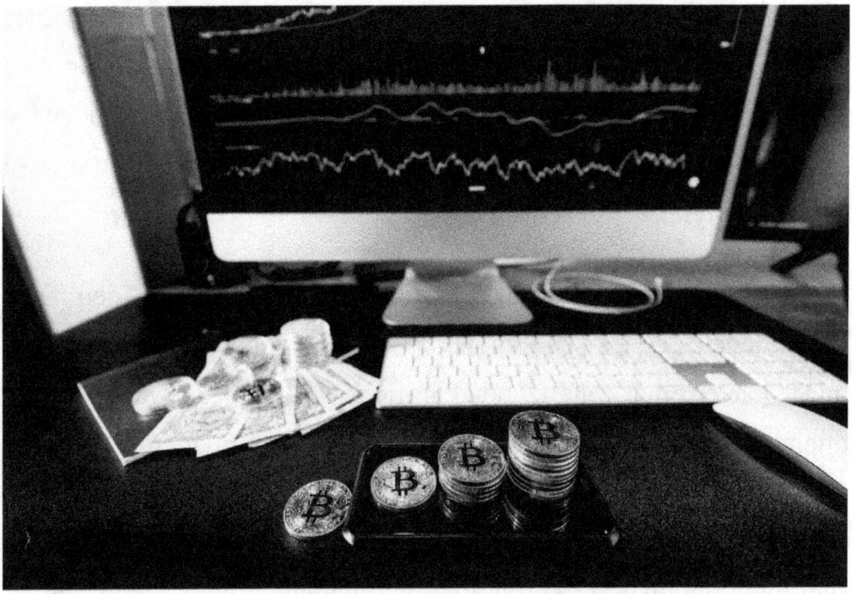

Las criptomonedas han ganado una popularidad significativa recientemente, atrayendo a comerciantes e inversores que buscan capitalizar la volatilidad de sus precios y sus rendimientos potenciales. El análisis técnico es un enfoque ampliamente utilizado para analizar los gráficos de precios de las criptomonedas y tomar decisiones comerciales informadas. Al estudiar los datos históricos de precios, los patrones gráficos y los indicadores técnicos, los traders intentan identificar tendencias, niveles de soporte y resistencia, y posibles puntos de entrada o salida. Comprender cómo aplicar el análisis técnico a las criptomonedas es esencial para navegar con éxito por el mercado de criptomonedas. Esta sección explorará los componentes clave del análisis técnico y proporcionará estrategias para aplicarlos a las criptomonedas, incluido el análisis de tendencias, los patrones gráficos, los indicadores técnicos y la gestión de riesgos.

El análisis de tendencias es un aspecto fundamental del análisis técnico y ayuda a los traders a identificar la dirección y la fuerza de los movimientos de precios de las criptomonedas. Reconocer y operar en línea con las tendencias predominantes puede mejorar el éxito comercial.

Los traders utilizan diferentes marcos temporales para identificar las tendencias de las criptomonedas. Una tendencia a largo plazo se puede determinar analizando gráficos semanales o mensuales, mientras que las tendencias a corto plazo se pueden identificar examinando gráficos diarios u horarios. Una tendencia alcista se compone de máximos y mínimos más altos, lo que indica un sentimiento alcista, mientras que una tendencia bajista consiste en máximos y mínimos más bajos, lo que indica un sentimiento bajista.

Las líneas de tendencia se dibujan en los gráficos de precios para conectar una serie de mínimos más altos (tendencia alcista) o máximos más bajos (tendencia bajista). Estas líneas actúan como niveles dinámicos de soporte o resistencia. Los traders utilizan las líneas de tendencia para validar la dirección de la tendencia, identificar posibles puntos de entrada o salida y anticipar los cambios de tendencia.

Las medias móviles, como la media móvil simple (SMA) o la media móvil exponencial (EMA), pueden ayudar a los traders a identificar y confirmar tendencias. La intersección de las medias móviles a corto plazo que cruzan por encima de las medias móviles a largo plazo puede indicar una tendencia alcista, mientras que lo contrario puede indicar una tendencia bajista. Las medias móviles también pueden actuar como niveles dinámicos de soporte o resistencia.

Los patrones gráficos proporcionan información valiosa sobre el comportamiento de los precios y pueden indicar posibles cambios de tendencia o continuación de la tendencia. Al reconocer y analizar estos patrones, los traders pueden tomar decisiones de trading informadas.

Los niveles de soporte y resistencia juegan un papel crucial en el análisis de patrones gráficos. Las rupturas por encima de los niveles de resistencia o las rupturas por debajo de los niveles de soporte pueden indicar posibles cambios de tendencia o continuaciones de tendencia. Los traders suelen buscar patrones de consolidación de precios cerca de los niveles de soporte o resistencia, como triángulos, rectángulos o cuñas, para anticipar posibles rupturas o rupturas.

El patrón de cabeza y hombros es un patrón de inversión ampliamente reconocido que consta de tres picos, con el pico central (cabeza) más alto que los otros dos (hombros). Este patrón sugiere un posible cambio de tendencia de alcista a bajista o viceversa. Los traders a menudo buscan una ruptura por debajo de la línea del cuello, conectando los mínimos entre los hombros, para confirmar el patrón.

El patrón de doble techo es un patrón de reversión bajista caracterizado por dos picos consecutivos de altura similar, lo que indica un posible cambio de tendencia a la baja. Por el contrario, el patrón de doble suelo es un patrón de reversión alcista caracterizado por dos valles consecutivos de profundidad similar, lo que indica un posible cambio de tendencia al alza. Los traders a menudo buscan rupturas o rupturas por encima o por debajo de la línea de cuello del patrón para confirmar el patrón.

Los indicadores técnicos son cálculos matemáticos aplicados a los datos de precios para generar señales comerciales y proporcionar información sobre las tendencias del mercado, el impulso y los posibles puntos de entrada o salida.

El Índice de Fuerza Relativa (RSI) es un oscilador que mide el cambio y la velocidad de los movimientos de precios. Ayuda a los traders a identificar probables cambios o continuaciones de tendencia al indicar si un activo está sobrecomprado o sobrevendido. Una lectura de RSI por encima de 70 sugiere una condición de sobrecompra, mientras que una lectura por debajo de 30 sugiere una condición de sobreventa.

Un indicador de impulso que sigue la tendencia y que contiene dos líneas: la línea MACD y la línea de señal, se conoce como Divergencia de Convergencia de Medias Móviles (MACD). Los cruces entre estas líneas y sus posiciones en relación con la línea cero pueden generar señales de compra o venta. Una señal alcista puede indicarse cuando la línea MACD pasa por encima de la línea de señal y la línea cero, mientras que una señal bajista puede indicarse a la inversa.

Las Bandas de Bollinger constan de tres líneas: la banda media (SMA) y las bandas superior e inferior, que representan dos desviaciones estándar de la banda media. Las Bandas de Bollinger ayudan a identificar períodos de baja volatilidad (bandas estrechas) y posibles reversiones o rupturas de precios (bandas anchas). Las rupturas por debajo de la banda inferior o por encima de la banda superior pueden indicar posibles puntos de entrada o salida.

La gestión del riesgo es un componente vital del comercio de criptomonedas. Los traders deben implementar estrategias efectivas de gestión de riesgos para proteger su capital y mitigar las posibles pérdidas.

Los traders deben determinar el tamaño adecuado de la posición en función de la tolerancia al riesgo y el tamaño de la cuenta. Es aconsejable arriesgar un pequeño porcentaje del capital comercial en cada operación para garantizar la sostenibilidad a largo plazo.

El establecimiento de órdenes de stop-loss ayuda a limitar las pérdidas potenciales al cerrar automáticamente una posición cuando el precio se mueve en contra de las expectativas del trader. Las órdenes de toma de ganancias pueden bloquear las ganancias cerrando automáticamente una posición cuando el precio alcanza un objetivo predeterminado. Los traders deben determinar estos niveles basándose en el análisis técnico y en la relación riesgo-recompensa.

La relación riesgo-recompensa compara el beneficio potencial de una operación con la pérdida potencial. Ayuda a los traders a evaluar si vale la pena realizar una operación en función de la recompensa potencial en relación con el riesgo. Una relación riesgo-recompensa positiva (por ejemplo, 1:2) significa que el beneficio potencial es mayor que la pérdida potencial.

Para mejorar el éxito en el trading, los traders suelen combinar múltiples estrategias de análisis técnico. Al combinar el análisis de tendencias, los patrones gráficos y los indicadores técnicos, los traders pueden validar posibles configuraciones comerciales y aumentar la probabilidad de éxito.

Los traders pueden utilizar múltiples indicadores técnicos o patrones gráficos para confirmar la configuración de una operación.

Por ejemplo, supongamos que un cruce MACD alcista y un aumento en el volumen de operaciones acompañan a una ruptura de la línea de tendencia alcista. En ese caso, puede proporcionar una señal más fuerte para entrar en una posición larga.

La divergencia ocurre cuando un indicador técnico, como el RSI o el MACD, se mueve en la dirección opuesta al precio de un activo. Cuando el precio produce mínimos más bajos mientras que el indicador hace mínimos más altos, esto se conoce como divergencia alcista e indica que la tendencia puede estar a punto de revertirse al alza. Cuando el precio produce máximos más altos mientras que el indicador hace máximos más bajos, esto se conoce como divergencia bajista y podría indicar un posible cambio de tendencia a la baja.

Si bien el análisis técnico es una herramienta esencial para operar con criptomonedas, también es crucial considerar factores fundamentales. Los traders deben estar atentos a las noticias y eventos que afectan a los precios de las criptomonedas, como los desarrollos normativos, las asociaciones, los avances tecnológicos o los cambios en el sentimiento del mercado. La combinación del análisis técnico con el análisis fundamental puede proporcionar una comprensión más completa de las condiciones del mercado y mejorar las decisiones comerciales.

CAPÍTULO V

Tipos de Criptomonedas

Descripción General de las Principales Criptomonedas (Bitcoin, Ethereum, etc.)

Las criptomonedas han revolucionado el panorama financiero, introduciendo una forma de dinero descentralizada y digital que opera en la tecnología cadena de bloques. Desde la creación de Bitcoin en 2009, han surgido numerosas criptomonedas, cada una con características y propósitos únicos. Esta sección proporcionará una descripción general de algunas de las principales criptomonedas, incluidas Bitcoin, Ethereum, Ripple, Litecoin y Bitcoin Cash. Exploraremos sus orígenes, características clave y posibles casos de uso, destacando su impacto en el ecosistema de las criptomonedas y más allá.

La primera y más conocida criptomoneda es Bitcoin (BTC) y fue creada por Satoshi Nakamoto, una persona o grupo anónimo. Introdujo el concepto de una moneda digital descentralizada y sentó las bases para las criptomonedas posteriores.

Bitcoin opera en una red peer-to-peer, lo que permite transacciones directas entre usuarios sin necesidad de intermediarios. Emplea la tecnología cadena de bloques para asegurar y verificar las transacciones. Con un total de 21 millones de monedas que se pueden crear, Bitcoin tiene un suministro finito.

Bitcoin se usa comúnmente como reserva de valor y medio de intercambio. Ha ganado reconocimiento como "oro digital" debido a su oferta limitada y su potencial para protegerse contra la inflación. Bitcoin también se utiliza para transacciones transfronterizas y remesas, especialmente en países con una infraestructura bancaria limitada.

Ethereum (ETH), creado por Vitalik Buterin en 2015, introdujo el concepto de una plataforma cadena de bloques descentralizada y programable. Permitió el desarrollo de contratos inteligentes y aplicaciones descentralizadas (DApps), revolucionando las criptomonedas.

La cadena de bloques de Ethereum permite a los desarrolladores construir e implementar contratos inteligentes, acuerdos autoejecutables con reglas predefinidas. Tiene su criptomoneda nativa llamada Ether (ETH) y opera con un algoritmo de consenso llamado Proof-of-Stake (PoS), que está pasando de Proof-of-Work (PoW).

Ethereum sirve como plataforma para crear y ejecutar aplicaciones descentralizadas, que van desde protocolos de finanzas descentralizadas (DeFi) hasta tokens no fungibles (NFT) e intercambios descentralizados. Ha impulsado el crecimiento del ecosistema de las finanzas descentralizadas, permitiendo préstamos, préstamos y operaciones sin permisos.

Ripple (XRP), desarrollado por Ripple Labs en 2012, facilita las transferencias internacionales de dinero rápidas y de bajo costo. A diferencia de muchas otras criptomonedas, Ripple no se basa en una cadena de bloques descentralizada, sino que opera en un protocolo de consenso llamado Ripple Protocol Consensus Algorithm (RPCA).

La criptomoneda nativa de Ripple se llama XRP y sirve como moneda puente para transacciones que involucran varias monedas fiduciarias. Su objetivo es proporcionar tiempos de liquidación rápidos y tarifas de transacción bajas para pagos transfronterizos.

Ripple ha ganado terreno entre las instituciones financieras y los procesadores de pagos por su potencial para agilizar las transacciones transfronterizas. Su tecnología, RippleNet, ofrece sistemas de liquidación bruta en tiempo real y servicios de remesas, mejorando la eficiencia de las transferencias internacionales de dinero.

Litecoin (LTC), creado por Charlie Lee en 2011, a menudo se llama la "plata del oro de Bitcoin". Fue desarrollado como una alternativa más rápida y escalable a Bitcoin, con el objetivo de facilitar las transacciones diarias.

Litecoin opera en una cadena de bloques similar a Bitcoin pero con tiempos de generación de bloques más cortos y un algoritmo de hash diferente llamado Scrypt. Esto permite confirmaciones de transacciones más rápidas y un suministro máximo más alto de 84 millones de monedas.

Litecoin se utiliza principalmente para transacciones peer-to-peer y microtransacciones. Ha ganado popularidad por tiempos de confirmación de transacciones más rápidos y tarifas de transacción más bajas que Bitcoin.

Bitcoin Cash (BCH) apareció como resultado de una bifurcación dura de Bitcoin en 2017, liderada por un grupo de desarrolladores que buscaban abordar los problemas de escalabilidad de Bitcoin. Bitcoin Cash buscó aumentar el límite de tamaño de bloque, permitiendo más transacciones por bloque.

Bitcoin Cash comparte muchas similitudes con Bitcoin, pero tiene un tamaño de bloque más grande de 8 MB (luego aumentó a 32 MB). Esto permite un procesamiento de transacciones más rápido y tarifas más bajas. Bitcoin Cash tiene como objetivo servir como medio de intercambio, haciendo hincapié en las transacciones rápidas y de bajo costo. A menudo se usa para compras diarias y transacciones en línea.

Si bien Bitcoin, Ethereum, Ripple, Litecoin y Bitcoin Cash se encuentran entre las criptomonedas más conocidas, el ecosistema es vasto y está en constante evolución. Otras criptomonedas notables incluyen Cardano (ADA), Polkadot (DOT), Binance Coin (BNB) y Chainlink (LINK).

Una plataforma cadena de bloques que busca proporcionar una infraestructura segura y escalable para el desarrollo de aplicaciones descentralizadas y contratos inteligentes se conoce como Cardano. Polkadot es una plataforma multicadena que permite que diferentes cadenas de bloques interoperen y compartan información, promoviendo la escalabilidad, la seguridad y la innovación. Binance, uno de los exchanges de criptomonedas más grandes del mundo, tiene una criptomoneda nativa conocida como Binance Coin. Los contratos inteligentes pueden acceder de forma segura a datos fuera de la cadena gracias a Chainlink, una red de oráculos descentralizada que los vincula a API externas y datos del mundo real.

Las principales criptomonedas discutidas en esta sección ya han tenido un impacto significativo en el ecosistema de las criptomonedas. Sin embargo, sus posibles casos de uso y desarrollos futuros se extienden más allá de sus funcionalidades actuales.

Las aplicaciones de finanzas descentralizadas (DeFi) impulsadas por Ethereum han desbloqueado nuevas posibilidades en el sector financiero, ofreciendo servicios descentralizados de préstamos, préstamos y comercio. Las soluciones de escalabilidad e interoperabilidad que están desarrollando proyectos como Cardano y Polkadot tienen como objetivo abordar las limitaciones de los sistemas cadena de bloques existentes. Las monedas digitales de los bancos centrales (CBDC) también están ganando terreno a medida que los gobiernos exploran la implementación de monedas digitales utilizando la tecnología cadena de bloques.

Altcoins y Activos Tokenizados

Las criptomonedas han evolucionado más allá de Bitcoin y Ethereum, dando lugar a una amplia gama de activos digitales conocidos como altcoins. Estas criptomonedas alternativas ofrecen características únicas, casos de uso y oportunidades de inversión. Además de las altcoins, la aparición de activos tokenizados ha ampliado las posibilidades dentro del ecosistema de las criptomonedas. Esta sección profundizará en el mundo de las altcoins y los activos tokenizados, explorando sus orígenes, características, posibles casos de uso e impacto en el panorama financiero más amplio.

Las criptomonedas han recorrido un largo camino desde la introducción de Bitcoin, y las altcoins han desempeñado un papel importante en la diversificación del ecosistema de las criptomonedas. Las altcoins, abreviatura de monedas alternativas, surgieron como respuesta a las limitaciones de Bitcoin y buscaban abordar necesidades específicas o introducir características innovadoras. Estas criptomonedas alternativas exhiben varias características que las diferencian de las criptomonedas tradicionales.

Las altcoins vienen con características únicas que las diferencian de Bitcoin y Ethereum. Algunas altcoins introducen nuevas tecnologías, mecanismos de consenso o modelos de gobernanza, lo que les permite ofrecer funcionalidades que no están presentes en las criptomonedas dominantes. Además, las altcoins a menudo se centran en industrias específicas o aplicaciones de nicho, como la privacidad, las finanzas descentralizadas (DeFi), los juegos, la gestión de la cadena de suministro o la atención médica. Esta especialización permite a las altcoins satisfacer las necesidades específicas del mercado y proporcionar soluciones a medida.

Dentro del mercado de las altcoins, diferentes criptomonedas han ganado protagonismo. Ripple (XRP) tiene como objetivo revolucionar los pagos transfronterizos, proporcionando transacciones rápidas y de bajo costo para las instituciones financieras. Cardano (ADA) se esfuerza por crear una plataforma cadena de bloques segura y escalable para desarrollar aplicaciones descentralizadas y contratos inteligentes. La "plata al oro de Bitcoin", Litecoin (LTC), ofrece tiempos de confirmación de transacciones más rápidos, así como tarifas de transacción más bajas. Binance Coin (BNB) tiene varios propósitos dentro del ecosistema de Binance, incluidas las tarifas comerciales reducidas y la participación en las ventas de tokens. Estos son solo algunos ejemplos de la amplia gama de altcoins disponibles, cada una con su propósito y potencial.

La tokenización ha surgido como un concepto transformador dentro del ecosistema de las criptomonedas, que permite la representación de activos del mundo real como tokens digitales en una cadena de bloques. Al tokenizar los activos, se vuelven divisibles, transferibles y programables, lo que abre nuevas posibilidades en términos de liquidez, accesibilidad y eficiencia.

Los activos tokenizados ofrecen varias ventajas sobre los activos tradicionales. En primer lugar, la tokenización mejora la accesibilidad al permitir la propiedad fraccionada. Los inversores ahora pueden poseer una parte de un activo en lugar de todo el activo, lo que reduce la barrera de entrada y hace que las inversiones sean más accesibles para una gama más amplia de participantes. En segundo lugar, la tokenización mejora la liquidez al facilitar el comercio en el mercado secundario. Los inversores pueden comprar y vender tokens fácilmente, creando un mercado más líquido para los activos tradicionalmente ilíquidos. Esto democratiza el panorama de la inversión y proporciona nuevas vías para recaudar capital. En tercer lugar, la tokenización aporta transparencia y seguridad a la propiedad de activos. La tecnología cadena de bloques garantiza registros de transacciones transparentes e inmutables, lo que reduce el riesgo de fraude o manipulación. Los contratos inteligentes pueden automatizar las transferencias de propiedad, agilizar los procesos y hacer cumplir las reglas predefinidas, lo que garantiza la confianza y la eficiencia.

Varias plataformas facilitan la tokenización de activos, cada una con su propio enfoque y enfoque. Ethereum, con su programabilidad, se ha convertido en una opción popular para tokenizar activos. Permite la creación de varios tokens, incluidos tokens no fungibles (NFT) que representan coleccionables digitales y tokens de seguridad que representan la propiedad en bienes raíces o fondos de inversión. Polkadot tiene como objetivo proporcionar interoperabilidad entre diferentes cadenas de bloques, lo que permite la transferencia sin problemas de activos tokenizados a través de varias redes. El sector inmobiliario ha adoptado la tokenización como un medio para desbloquear oportunidades de propiedad fraccionada, aumentar la liquidez y agilizar las transacciones inmobiliarias. La tokenización también se ha abierto camino en el mercado del arte y los coleccionables, permitiendo la verificación fraccionada de la propiedad y la procedencia de las obras de arte y los objetos de colección, que antes eran exclusivos de un grupo limitado de personas.

La aparición de altcoins y activos tokenizados ha tenido un profundo impacto en el panorama financiero, alterando los sistemas tradicionales y ampliando las oportunidades de inversión.

Las altcoins y los activos tokenizados tienen el potencial de democratizar las oportunidades de inversión. La propiedad fraccionada y la reducción de las barreras de entrada permiten a una gama más amplia de inversores participar en clases de activos tradicionalmente de alto coste o ilíquidas. Esta democratización de la inversión puede conducir a una mayor inclusión financiera, permitiendo que las personas que antes estaban excluidas de ciertas oportunidades de inversión participen en la creación de riqueza.

Además, las altcoins y los activos tokenizados desafían a los sistemas financieros tradicionales al encarnar los principios de la descentralización. Reducen la dependencia de los intermediarios y promueven las transacciones entre pares. Al eliminar los intermediarios, las transacciones se vuelven más eficientes, rentables y transparentes. Estos avances en la tecnología financiera allanan el camino para nuevos modelos de negocio y alteran los sistemas tradicionales que las autoridades centralizadas han dominado durante mucho tiempo.

Las altcoins y los activos tokenizados también tienen implicaciones para los marcos regulatorios. Los gobiernos y los organismos reguladores están lidiando con la necesidad de crear marcos legales y regulatorios que garanticen la protección de los inversores, eviten las actividades fraudulentas y fomenten la innovación responsable dentro de este espacio en evolución. La intersección de la tecnología, las finanzas y la regulación requiere una cuidadosa consideración para equilibrar la promoción de la innovación y la protección de los participantes en el mercado.

Stablecoins y Criptomonedas Respaldadas por Fiat

Las criptomonedas han experimentado un crecimiento notable, con Bitcoin y Ethereum a la cabeza. Sin embargo, la volatilidad de precios inherente a estas criptomonedas ha dificultado su adopción para las transacciones cotidianas y como reserva de valor. Para hacer frente a este reto, han surgido las stablecoins y las criptomonedas respaldadas por dinero fiduciario. Estos activos digitales están diseñados para mantener un valor estable al estar vinculados a monedas fiduciarias tradicionales, como el dólar estadounidense o el euro. En esta sección, exploraremos el concepto de stablecoins y criptomonedas respaldadas por dinero fiduciario, sus características, casos de uso y el potencial que tienen para revolucionar el panorama financiero.

Las criptomonedas han recorrido un largo camino desde su creación, pero la volatilidad de sus precios sigue siendo una barrera importante para una adopción más amplia. Si bien Bitcoin y otras criptomonedas importantes han atraído a inversores especulativos, sus rápidas fluctuaciones de precios las hacen menos adecuadas para las transacciones diarias y como una reserva de valor confiable. Una posible solución para este problema de volatilidad son las stablecoins. Estos activos digitales tienen como objetivo mantener un valor estable vinculando su precio a monedas fiduciarias tradicionales, materias primas u otros activos estables. Al ofrecer estabilidad de precios, las stablecoins combinan las ventajas de las criptomonedas, como las transacciones rápidas y sin fronteras, con la estabilidad de las monedas tradicionales.

Las stablecoins se pueden clasificar en tres tipos principales en función de su mecanismo subyacente para mantener la estabilidad de precios: stablecoins respaldadas por fiat, stablecoins con garantía criptográfica y stablecoins algorítmicas. Las stablecoins respaldadas por dinero fiduciario son el tipo más común y están respaldadas por reservas de monedas fiduciarias tradicionales que se mantienen en cuentas bancarias de custodia. Cada stablecoin representa una cantidad fija de la moneda fiduciaria subyacente, normalmente en una proporción de 1:1. Algunos ejemplos son Tether (USDT), USD Coin (USDC) y Paxos Standard (PAX). Las stablecoins con garantía criptográfica están garantizadas por otras criptomonedas mantenidas en contratos inteligentes, mientras que las stablecoins algorítmicas se basan en mecanismos algorítmicos para ajustar la oferta de monedas y mantener la estabilidad de los precios.

Las stablecoins ofrecen varias ventajas en el ecosistema de las criptomonedas. En primer lugar, proporcionan estabilidad de precios, lo que los hace adecuados para las transacciones diarias y como reserva de valor. Los usuarios pueden mantener y realizar transacciones con stablecoins con confianza sin preocuparse por las rápidas fluctuaciones de precios. Además, las stablecoins permiten transacciones rápidas y sin fronteras, aprovechando la tecnología cadena de bloques para facilitar transferencias instantáneas y de bajo coste. Al brindar a las poblaciones no bancarizadas y subbancarizadas acceso a servicios financieros digitales, también tienen el potencial de mejorar la inclusión financiera.

Las criptomonedas respaldadas por dinero fiduciario son un subconjunto de las stablecoins que están directamente respaldadas por monedas fiduciarias tradicionales. Las correspondientes reservas de moneda fiduciaria almacenadas en cuentas de custodia sirven como garantía completa para estas criptomonedas, que se emiten en redes cadena de bloques. El objetivo es proporcionar una representación digital de la moneda fiduciaria que sea segura y fácilmente transferible.

Las criptomonedas respaldadas por fiat ofrecen varios beneficios y casos de uso. Estas criptomonedas cierran la brecha entre los sistemas financieros digitales y tradicionales mediante la emisión de una representación digital de las monedas fiduciarias convencionales. Permiten la integración perfecta de las criptomonedas con las infraestructuras financieras existentes y facilitan la transición a una economía más digital. Las criptomonedas respaldadas por dinero fiduciario también pueden agilizar las transacciones transfronterizas, lo que permite remesas más rápidas y rentables. Los usuarios pueden enviar fondos internacionalmente sin necesidad de intermediarios, lo que reduce las tarifas de transacción y los tiempos de liquidación. Además, las criptomonedas respaldadas por dinero fiduciario proporcionan activos estables que pueden utilizarse dentro de los protocolos de finanzas descentralizadas (DeFi). Sirven como garantía para las actividades de préstamo y empréstito, lo que permite a los usuarios acceder a liquidez sin exponerse a la volatilidad de las criptomonedas tradicionales.

El panorama regulatorio que rodea a las stablecoins y las criptomonedas respaldadas por dinero fiduciario sigue evolucionando. Los gobiernos y las organizaciones reguladoras se esfuerzan por encontrar un equilibrio entre la promoción de la innovación y la gestión de riesgos potenciales, como las preocupaciones sobre la protección del consumidor, el lavado de dinero y la estabilidad sistémica. Establecer marcos regulatorios claros será crucial para garantizar la estabilidad a largo plazo y la adopción de monedas estables y criptomonedas respaldadas por dinero fiduciario.

Mantener la confianza y garantizar la transparencia en el funcionamiento de las stablecoins y las criptomonedas respaldadas por dinero fiduciario es otro reto fundamental. La auditoría adecuada de las reservas, el cumplimiento normativo y los mecanismos de gobernanza transparentes son esenciales para infundir confianza en los usuarios y participantes del mercado. La colaboración con bancos, procesadores de pagos y organismos reguladores es crucial para la integración de las stablecoins y las criptomonedas respaldadas por dinero fiduciario con los sistemas financieros tradicionales. Esta colaboración puede facilitar el flujo fluido de fondos entre las monedas fiduciarias y digitales, lo que permite una adopción y un uso generalizados.

Criptomonedas de Nicho y sus Casos de Uso

El mundo de las criptomonedas se extiende mucho más allá de Bitcoin y Ethereum, abarcando una amplia gama de criptomonedas de nicho. Estos activos digitales se adaptan a industrias, casos de uso o comunidades específicas, y ofrecen características y soluciones únicas. Las criptomonedas de nicho han surgido como resultado de la versatilidad de la tecnología cadena de bloques y la creciente demanda de aplicaciones especializadas. En esta sección, exploraremos el concepto de criptomonedas de nicho, sus características, ejemplos notables y los diversos casos de uso a los que sirven. Al comprender el potencial de estas criptomonedas especializadas, podemos apreciar el impacto más amplio de la tecnología cadena de bloques en diferentes sectores.

Las criptomonedas de nicho son activos digitales que se dirigen a industrias, comunidades o casos de uso específicos. Estas criptomonedas suelen contar con funcionalidades especializadas adaptadas a las necesidades particulares de su público objetivo. Se diferencian de varias maneras, incluido el enfoque en la industria, las características especializadas y la participación de la comunidad. Al abordar los puntos débiles y requisitos específicos, las criptomonedas de nicho brindan soluciones personalizadas que los sistemas tradicionales pueden no ofrecer.

Las criptomonedas centradas en la privacidad, como Monero (XMR), Zcash (ZEC) y Dash (DASH), abordan las preocupaciones sobre la privacidad del usuario y el anonimato transaccional. Al incorporar técnicas criptográficas avanzadas, estas criptomonedas ofuscan los detalles de las transacciones, lo que dificulta el seguimiento o la identificación de los usuarios involucrados en las transacciones. Las criptomonedas centradas en la privacidad encuentran aplicaciones en industrias donde la confidencialidad es primordial, como las transacciones financieras, la atención médica y los sectores legales.

Las criptomonedas como VeChain (VET) y Waltonchain (WTC) tienen como objetivo mejorar la transparencia, la trazabilidad y la eficiencia dentro de la gestión de la cadena de suministro. Estas criptomonedas utilizan la tecnología cadena de bloques para rastrear y autenticar los productos a lo largo de la cadena de suministro. Permiten la verificación de la procedencia, reducen la falsificación y mejoran la confianza entre las partes interesadas.

Las criptomonedas han entrado en los juegos y las economías virtuales, facilitando el intercambio de activos virtuales y las transacciones en el juego. Algunos ejemplos son Enjin Coin (ENJ), Decentraland (MANA) y Axie Infinity (AXS). Estas criptomonedas permiten a los jugadores poseer, comerciar y monetizar activos virtuales, promoviendo el concepto de verdadera propiedad dentro de los mundos virtuales. También permiten plataformas de juego descentralizadas, donde los jugadores pueden participar en competiciones entre pares y ganar recompensas.

Las criptomonedas DeFi, como Compound (COMP), Aave (AAVE) y Uniswap (UNI), tienen como objetivo revolucionar los sistemas financieros tradicionales al permitir servicios financieros descentralizados y sin permisos. Estas criptomonedas facilitan los préstamos, los préstamos, la provisión de liquidez y el comercio descentralizado sin intermediarios. Las criptomonedas DeFi permiten a las personas tener control sobre sus actividades económicas, eludiendo las limitaciones y tarifas impuestas por las instituciones financieras centralizadas.

Las criptomonedas se aprovechan para el impacto social y las iniciativas de desarrollo sostenible. Algunos ejemplos son SolarCoin (SLR) y Giveth (GIV). SolarCoin incentiva la generación de energía solar, recompensando a los productores de energía solar con criptomonedas. Giveth es una plataforma basada en cadena de bloques que permite donaciones benéficas transparentes y responsables. Estas criptomonedas promueven causas sociales y ambientales, fomentando la participación y creando un impacto positivo.

Las criptomonedas de nicho tienen un profundo impacto en diversas industrias y comunidades. Ofrecen soluciones personalizadas, alteran los sistemas tradicionales y empoderan de manera única a las personas y las empresas. Al aprovechar la tecnología cadena de bloques, las criptomonedas de nicho promueven la transparencia, la descentralización y la eficiencia en sectores históricamente desafiantes.

El futuro de las criptomonedas de nicho parece prometedor. A medida que la tecnología cadena de bloques evolucione, más industrias y sectores se beneficiarán de las funcionalidades y soluciones especializadas que brindan estas criptomonedas. La colaboración y las asociaciones entre las criptomonedas de nicho y las instituciones tradicionales pueden impulsar la innovación y fomentar la integración de la tecnología cadena de bloques en los sistemas existentes.

Además, la creciente adopción y los casos de uso de criptomonedas de nicho contribuyen a la maduración y aceptación general de las criptomonedas como una forma legítima de intercambio de valor. Estos activos digitales especializados muestran el potencial de la tecnología cadena de bloques más allá de las aplicaciones financieras tradicionales, allanando el camino para nuevos modelos económicos y ecosistemas descentralizados.

CAPÍTULO VI

Creación de una estrategia de inversión en criptomonedas

Definición de Objetivos de Inversión y Tolerancia al Riesgo

La creación de riqueza y el logro de objetivos financieros requieren inversión. Sin embargo, antes de embarcarse en cualquier viaje de inversión, es esencial definir objetivos de inversión claros y evaluar la tolerancia personal al riesgo. Estos factores sirven como brújula para guiar a los inversores hacia estrategias de inversión y asignaciones de activos adecuadas. En esta sección se explorará la importancia de definir los objetivos de inversión y la tolerancia al riesgo, cómo influyen en las decisiones de inversión y las estrategias para alinear estos factores con el fin de lograr resultados de inversión exitosos y personalizados.

Las metas de inversión son los objetivos específicos que un inversor pretende alcanzar a través de sus actividades de inversión. Estos objetivos pueden variar ampliamente según la situación financiera, la etapa de la vida y las aspiraciones personales de una persona. La definición de objetivos de inversión implica el horizonte temporal, las necesidades y prioridades financieras y la tolerancia al riesgo. Al definir claramente los objetivos de inversión, los inversores pueden identificar el nivel de riesgo necesario para alcanzarlos y alinear sus estrategias de inversión en consecuencia.

La tolerancia al riesgo se refiere a la capacidad de un inversor para resistir las fluctuaciones en los rendimientos de la inversión y tolerar posibles pérdidas. Está influenciado por la situación financiera de un individuo, el conocimiento de la inversión, el horizonte temporal y la capacidad emocional para manejar la volatilidad del mercado. La evaluación de la tolerancia al riesgo ayuda a los inversores a determinar su nivel de comodidad con los diferentes niveles de riesgo de inversión. La capacidad financiera, el conocimiento y la experiencia en materia de inversión y la resiliencia emocional contribuyen a la tolerancia al riesgo de una persona.

El éxito de la inversión requiere alinear los objetivos de inversión con la tolerancia al riesgo. Lograr el equilibrio adecuado garantiza que las estrategias de inversión sean compatibles con las aspiraciones financieras y la capacidad emocional del inversor. Las estrategias para lograr esta alineación incluyen el establecimiento de objetivos claros, la mejora de la educación y el conocimiento, la diversificación y la revisión y el ajuste periódicos. El establecimiento de objetivos claros permite a los inversores identificar el nivel de riesgo necesario para alcanzar sus objetivos. La educación y la mejora de los conocimientos permiten a los inversores tomar decisiones informadas y gestionar el riesgo de forma eficaz. La diversificación ayuda a mitigar el riesgo al distribuir las inversiones entre diferentes clases de activos. La revisión y el ajuste periódicos garantizan que las estrategias de inversión y las asignaciones de activos se mantengan alineadas con las circunstancias cambiantes.

Los inversores pueden beneficiarse de buscar orientación profesional de asesores financieros. Los asesores financieros pueden ayudar a los inversores a definir objetivos de inversión claros, evaluar la tolerancia al riesgo y desarrollar estrategias de inversión personalizadas. La colaboración entre inversores y asesores financieros fomenta una comprensión holística de los objetivos de inversión y la tolerancia al riesgo. Juntos, los inversores pueden aprovechar la experiencia de los asesores financieros para crear estrategias de inversión especializadas que coincidan con sus objetivos y tolerancia al riesgo.

Diversificación de Portafolios-

La construcción de una cartera de inversión exitosa requiere una cuidadosa consideración de varios factores, uno de los más críticos es la diversificación. La diversificación de la cartera implica distribuir las inversiones entre diferentes clases de activos, sectores y regiones geográficas para mitigar el riesgo y maximizar los rendimientos. En esta sección, exploraremos el concepto de diversificación de carteras, su importancia, beneficios y estrategias para lograr una cartera bien diversificada. Al comprender el poder de la diversificación, los inversores pueden mejorar con confianza sus resultados de inversión y navegar por el panorama dinámico de los mercados financieros.

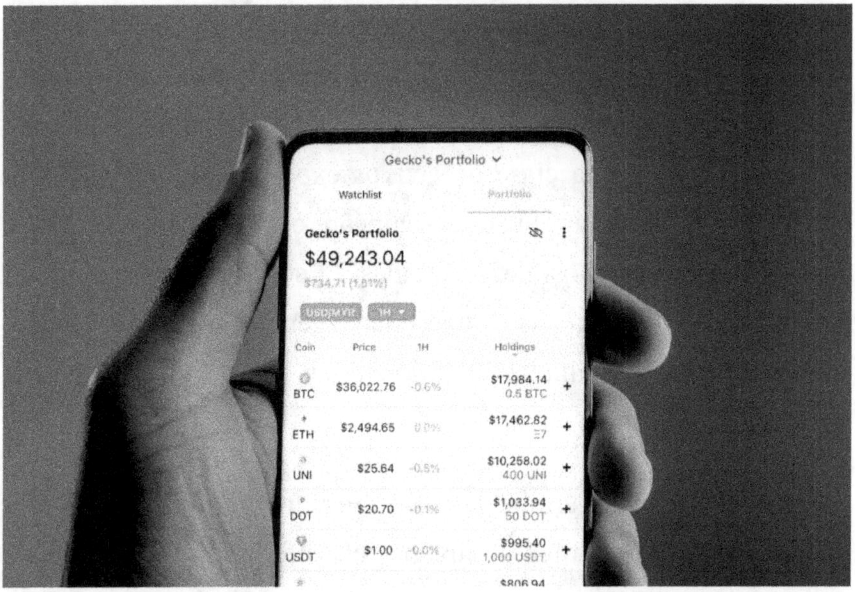

La diversificación es una estrategia esencial de gestión de riesgos. Al distribuir las inversiones entre varias clases de activos y sectores, los inversores reducen el impacto de los eventos adversos que afectan a una sola inversión. La diversificación ayuda a mitigar el riesgo de pérdidas significativas y protege las carteras de la volatilidad de los activos individuales.

La diversificación no solo mitiga el riesgo, sino que también ayuda a maximizar los rendimientos. Los inversores pueden lograr un equilibrio entre la preservación del capital y el crecimiento invirtiendo en una variedad de tipos de activos con diversas características de riesgo-rendimiento. Una cartera bien diversificada permite a los inversores obtener rendimientos de diversas fuentes, lo que garantiza que el rendimiento de su inversión no dependa únicamente del rendimiento de un solo activo o sector.

La diversificación ayuda a reducir la volatilidad de una cartera de inversiones. Las diferentes clases de activos y sectores tienden a comportarse de manera diferente en diversas condiciones de mercado. Cuando una clase de activos experimenta una recesión, otras pueden tener un buen desempeño o permanecer estables, compensando las posibles pérdidas. Esta diversificación de rendimientos suaviza la volatilidad general de la cartera, proporcionando resultados de inversión más consistentes y predecibles.

La diversificación permite a los inversores lograr una mejor relación riesgo-rendimiento. Invertir en diferentes activos puede optimizar los rendimientos ajustados al riesgo de su cartera. Esto significa lograr mayores rendimientos para un nivel de riesgo determinado o reducir el riesgo para un nivel determinado de rendimientos. La diversificación permite a los inversores equilibrar su apetito por el riesgo con sus objetivos de rentabilidad deseados.

Los inversores pueden lograr la diversificación asignando sus inversiones a varias clases de activos, como acciones, bonos, efectivo, bienes raíces y materias primas. Cada clase de activos tiene sus propias características de riesgo y rentabilidad, y tienden a comportarse de forma diferente en diversas condiciones de mercado. La asignación de inversiones en múltiples clases de activos ayuda a reducir la exposición a una sola clase de activos y diversifica el riesgo.

Dentro de cada clase de activos, los inversores pueden diversificar aún más sus carteras invirtiendo en diferentes sectores de la economía. Los sectores económicos, como la tecnología, la atención médica, las finanzas, los bienes de consumo y la energía, a menudo se comportan de manera diferente en función de factores específicos de la industria. Al distribuir las inversiones entre múltiples sectores, los inversores pueden reducir el impacto de los eventos adversos que afectan a una industria o sector en particular.

La diversificación geográfica implica invertir en diferentes países y regiones. Los factores económicos, políticos y regulatorios pueden afectar significativamente el rendimiento de la inversión en ubicaciones específicas. Al diversificar en diferentes regiones geográficas, los inversores reducen el riesgo asociado con las condiciones económicas, la estabilidad política o las fluctuaciones monetarias de un solo país.

La diversificación temporal se refiere a invertir durante un período prolongado en lugar de tratar de cronometrar el mercado. Implica invertir regularmente cantidades fijas a lo largo del tiempo, independientemente de las fluctuaciones del mercado a corto plazo. Esta estrategia permite a los inversores beneficiarse del promedio del costo en dólares y reduce el riesgo de tomar malas decisiones de inversión basadas en la volatilidad del mercado a corto plazo.

Mantener una cartera bien diversificada requiere un seguimiento y un reequilibrio periódicos. Las fluctuaciones del mercado pueden alterar la asignación original de activos, lo que provoca un desequilibrio en las ponderaciones de la cartera. La revisión periódica del rendimiento de la cartera, la asignación de activos y la exposición al riesgo permite a los inversores identificar cualquier desviación de la estrategia de diversificación deseada. El reequilibrio implica la venta de activos con un rendimiento superior y la compra de activos con un rendimiento inferior para restaurar la asignación original de activos. Este proceso garantiza que la cartera permanezca alineada con los objetivos de diversificación y tolerancia al riesgo del inversor.

Si bien la diversificación es crucial, es posible diversificar en exceso una cartera. Tener demasiadas inversiones puede diluir los rendimientos potenciales y dificultar el seguimiento eficaz de la cartera. Lograr un nivel óptimo de diversificación requiere lograr un equilibrio entre la distribución de las inversiones y el mantenimiento de un tamaño de cartera manejable.

Los inversores deben ser conscientes del riesgo de correlación, que se refiere al grado en que las diferentes inversiones se mueven en relación con las demás. Es posible que las inversiones altamente correlacionadas no proporcionen el nivel deseado de diversificación. A la hora de construir una cartera diversificada, es fundamental tener en cuenta la correlación entre los diferentes activos y sectores.

Estrategias de Inversión a Largo Plazo vs. Estrategias de Inversión a Corto Plazo

Invertir es un medio para aumentar la riqueza y alcanzar objetivos financieros. Cuando se trata de estrategias de inversión, prevalecen dos enfoques principales: estrategias a largo plazo y estrategias a corto plazo. Las estrategias de inversión a largo plazo implican mantener activos durante un período prolongado, generalmente años o incluso décadas, mientras que las estrategias a corto plazo se centran en períodos de tenencia más cortos, a menudo días, semanas o meses. En esta sección, exploraremos las diferencias entre las estrategias de inversión a largo plazo y a corto plazo, sus beneficios y consideraciones, y los factores que influyen en la elección entre ellas. Comprender estas estrategias puede ayudar a los inversores a tomar decisiones informadas y alinear su enfoque de inversión con sus objetivos financieros.

Las estrategias de inversión a largo plazo implican la compra y tenencia de activos con la expectativa de rendimientos sustanciales durante un período prolongado. Las características clave de la inversión a largo plazo incluyen un enfoque en el análisis fundamental, un enfoque paciente y la elección entre estrategias pasivas o activas. La inversión a largo plazo ofrece beneficios como rendimientos compuestos, menores costos de transacción y menor estrés emocional.

Las estrategias de inversión a corto plazo implican capitalizar los movimientos inmediatos de los precios o las ineficiencias del mercado para generar ganancias rápidas. Los inversores a corto plazo suelen emplear el análisis técnico, participan en operaciones activas y se enfrentan a un mayor riesgo y volatilidad. Las estrategias a corto plazo ofrecen potencial para obtener ganancias rápidas, flexibilidad, liquidez y oportunidades de aprendizaje activo.

La elección entre estrategias a largo y corto plazo depende de los objetivos de inversión y el horizonte temporal, la tolerancia al riesgo y la resiliencia emocional, los conocimientos y la experiencia de los inversores, y el compromiso de tiempo y el conjunto de habilidades. Los objetivos de inversión, los horizontes temporales, la tolerancia al riesgo y la resiliencia emocional determinan significativamente la estrategia adecuada. El conocimiento, la experiencia, el compromiso de tiempo y el conjunto de habilidades de los inversores también influyen en la elección.

Promedio del Costo en dólares y Sincronización del Mercado

Invertir en los mercados financieros implica decidir cuándo entrar en el mercado y cómo asignar el capital. Dos enfoques comúnmente discutidos son el promedio del costo en dólares y el momento del mercado. Independientemente del estado del mercado, el objetivo del enfoque de inversión promedio del costo en dólares es realizar inversiones regulares de una cantidad fija de dinero. Por otro lado, el timing del mercado se refiere a la toma de decisiones de inversión basadas en la predicción de los movimientos del mercado y el intento de comprar o vender activos en los momentos más adecuados. En esta sección se explorarán los conceptos de promediar el costo en dólares y el momento del mercado, sus ventajas y consideraciones, y cómo afectan a los resultados de las inversiones. Comprender estas estrategias puede ayudar a los inversores a tomar decisiones informadas y adoptar un enfoque que se alinee con sus objetivos de inversión y tolerancia al riesgo.

Promedio de costo en dólares, una estrategia de inversión que implica invertir regularmente una cantidad fija de dinero durante un período específico, independientemente de los altibajos del mercado. El proceso de promediar el costo en dólares implica realizar inversiones regulares a intervalos predeterminados y comprar más acciones cuando los precios son bajos. Esta estrategia ofrece ventajas como la eliminación de la necesidad de sincronización del mercado, la reducción de la toma de decisiones emocionales y el promedio de la base de costos de las inversiones.

Cronometrar el mercado implica tomar decisiones de inversión basadas en predicciones de los movimientos futuros del mercado. Este enfoque requiere analizar los indicadores del mercado, comprar activos cuando se espera que aumenten de valor y venderlos antes de que se anticipen las caídas. Cronometrar el mercado requiere predicciones precisas, resiliencia emocional y la voluntad de monitorear y ajustar activamente las posiciones de inversión. Las consideraciones para cronometrar el mercado incluyen la precisión de las predicciones, el sesgo emocional y el estrés, y el aumento de los costos de transacción.

El promedio del costo en dólares y el momento del mercado representan dos enfoques de inversión diferentes con sus propias ventajas y consideraciones. El promedio del costo en dólares proporciona un enfoque disciplinado y sistemático para la inversión, eliminando la necesidad de un monitoreo constante del mercado y decisiones de tiempo. Reduce el sesgo emocional y fomenta una mentalidad de inversión a largo plazo. Además, permite a los inversores beneficiarse de las fluctuaciones del mercado a lo largo del tiempo y promedia la base de costes de las inversiones. Por otro lado, el momento oportuno del mercado ofrece la posibilidad de obtener mayores rendimientos si se realizan predicciones precisas. Sin embargo, se basa en cronometrar con precisión los movimientos del mercado, lo cual es un desafío y conlleva el riesgo de predicciones incorrectas.

CAPÍTULO VII

Intercambios y Billeteras de Criptomonedas

Elegir un Exchange de Criptomonedas Confiable

En el mundo de los activos digitales, los intercambios de criptomonedas son esenciales porque ofrecen plataformas para comprar, vender e intercambiar criptomonedas. Con la creciente popularidad de las criptomonedas, el número de intercambios también ha aumentado significativamente, ofreciendo a los usuarios una amplia gama de opciones. Pero no todos los intercambios de criptomonedas son iguales, por lo que es crucial seleccionar un intercambio confiable para garantizar la seguridad de sus fondos, la facilidad de uso y la experiencia comercial general. Esta sección explorará los factores a tener en cuenta a la hora de seleccionar un exchange de criptomonedas fiable, incluidas las medidas de seguridad, el cumplimiento normativo, la experiencia del usuario, la liquidez, la atención al cliente y las funciones disponibles. Comprender estos aspectos permitirá a los inversores en criptomonedas tomar decisiones informadas y salvaguardar sus inversiones.

Garantizar la seguridad de sus fondos es una prioridad a la hora de elegir un exchange de criptomonedas. Busque exchanges que prioricen medidas de seguridad sólidas, incluido el cumplimiento normativo, la autenticación de dos factores (2FA) y el almacenamiento en frío de fondos. El cumplimiento normativo indica un compromiso con la transparencia y el cumplimiento legal, mientras que la 2FA añade una capa adicional de seguridad a las cuentas de los usuarios. El almacenamiento en frío, que implica almacenar criptomonedas fuera de línea en billeteras seguras, reduce el riesgo de intentos de piratería y otras violaciones de seguridad.

Una interfaz intuitiva y fácil de usar es esencial para una experiencia comercial fluida. Busque exchanges que ofrezcan una interfaz que sea fácil de navegar, que proporcione instrucciones claras para ejecutar operaciones, acceder a la información de la cuenta y administrar fondos. Además, tenga en cuenta la disponibilidad de herramientas y funciones de trading, como datos de mercado en tiempo real, capacidades avanzadas de gráficos y tipos de órdenes. Una aplicación móvil o un sitio web receptivo y optimizado para dispositivos móviles también es crucial para los usuarios que prefieren operar sobre la marcha.

A la hora de seleccionar un exchange de criptomonedas, la liquidez es una cuestión crucial a tener en cuenta. La liquidez es la facilidad con la que se puede comprar o vender un activo sin afectar significativamente su precio. Busque intercambios con muchos usuarios activos y un gran volumen de operaciones, ya que estos significan una mejor liquidez. Una mayor liquidez reduce el riesgo de encontrar deslizamientos, en los que el precio de ejecución se desvía del precio esperado debido a la falta de compradores o vendedores en el mercado.

La atención al cliente rápida y confiable es vital cuando se trata de intercambios de criptomonedas. Busca exchanges que ofrezcan múltiples canales de atención al cliente, como correo electrónico, chat en vivo o soporte telefónico. La disponibilidad de personal de soporte capacitado que pueda brindar asistencia oportuna con consultas, problemas técnicos o inquietudes relacionadas con la cuenta es esencial para una experiencia de usuario positiva.

Considere la variedad de criptomonedas y pares comerciales disponibles en el intercambio. Asegúrese de que el intercambio admita las criptomonedas con las que desea operar o invertir. Además, verifique si el intercambio ofrece diversos pares comerciales para brindar flexibilidad en la ejecución de operaciones y el acceso a diferentes mercados.

La reputación y el historial de un exchange de criptomonedas son indicadores cruciales de su fiabilidad. Realice una investigación exhaustiva y tenga en cuenta aspectos como la longevidad del exchange, los incidentes de seguridad anteriores (si los hubiera), las evaluaciones de los usuarios y la cobertura en los medios de comunicación. Es más probable que los exchanges con una sólida reputación y comentarios positivos de los usuarios proporcionen un entorno comercial confiable y digno de confianza.

Operar dentro de un entorno regulado agrega una capa adicional de seguridad y transparencia a un intercambio de criptomonedas. Los exchanges que cumplen con las regulaciones aplicables, como los requisitos de Conozca a su cliente y contra el lavado de dinero, priorizan la seguridad del usuario y ayudan a prevenir actividades ilícitas. Compruebe si el exchange cuenta con sólidas medidas de cumplimiento y se adhiere a las directrices reglamentarias.

Tenga en cuenta la estructura de tarifas y los costos comerciales asociados con el uso del intercambio. Los exchanges pueden cobrar operaciones, depósitos, retiros o tarifas de mantenimiento de cuenta. Compare las estructuras de tarifas en diferentes exchanges y evalúe la relación calidad-precio en función de los servicios ofrecidos y la experiencia comercial general.

Diferentes Tipos de Billeteras (hardware, software, papel, etc.)

Las billeteras de criptomonedas son herramientas esenciales para almacenar, administrar y acceder de forma segura a los activos digitales. Con el auge de las criptomonedas, han surgido varios tipos de billeteras para satisfacer las diversas necesidades y preferencias de los usuarios. Cada tipo de billetera ofrece su propio conjunto de características, niveles de seguridad y factores de conveniencia. Esta sección profundizará en los diferentes tipos de billeteras disponibles en el espacio de las criptomonedas, incluidas las billeteras de hardware, las billeteras de software, las billeteras de papel y más. Comprender las características y funcionalidades de cada tipo de billetera permitirá a los usuarios tomar decisiones informadas y seleccionar la billetera más adecuada para sus necesidades.

Las billeteras de hardware son objetos tangibles hechos especialmente para el almacenamiento de criptomonedas fuera de línea. Al mantener las claves privadas fuera de línea y alejadas de posibles amenazas en línea, ofrecen un alto nivel de seguridad. Las billeteras de hardware suelen ser dispositivos pequeños y portátiles con características de seguridad integradas, como chips encriptados, pantallas seguras y botones físicos para la verificación de transacciones. Los usuarios pueden conectar billeteras de hardware a sus computadoras o dispositivos móviles cuando necesiten realizar transacciones, pero las claves privadas permanecen almacenadas de forma segura dentro del dispositivo.

Las billeteras de hardware ofrecen una excelente protección contra las amenazas en línea, ya que las claves privadas se almacenan fuera de línea. Son inmunes al malware, los ataques de phishing y los intentos de piratería dirigidos a dispositivos conectados a Internet. Las billeteras de hardware están diseñadas pensando en la comodidad del usuario. Proporcionan interfaces sencillas y procesos de configuración fáciles de seguir, lo que los hace accesibles incluso para los principiantes. La mayoría de las billeteras de hardware permiten a los clientes almacenar numerosos activos digitales en un solo dispositivo y admiten una amplia variedad de criptomonedas.

Las billeteras de software, también conocidas como billeteras digitales o billeteras calientes, son aplicaciones o programas que se ejecutan en computadoras, teléfonos inteligentes u otros dispositivos digitales. El dispositivo del usuario puede descargar e instalar estas billeteras, lo que le brinda un fácil acceso a la criptomoneda. Las billeteras de software vienen en diferentes formas, incluidas billeteras de escritorio, móviles y web.

Las billeteras de escritorio son aplicaciones que se pueden descargar e instalar en computadoras personales o portátiles. Ofrecen un alto nivel de seguridad y permiten a los usuarios tener un control total sobre sus claves privadas. Las billeteras de escritorio se pueden clasificar en billeteras de nodo completo, que requieren que los usuarios descarguen toda la cadena de bloques, y billeteras livianas, que se conectan a servidores externos para acceder a los datos de la cadena de bloques.

Las billeteras móviles están diseñadas específicamente para teléfonos inteligentes y tabletas, y ofrecen portabilidad y conveniencia. Son ideales para usuarios que realizan transacciones con frecuencia sobre la marcha. Las billeteras móviles pueden tener diferentes niveles de seguridad, dependiendo de factores como la seguridad del sistema operativo, la verificación de la tienda de aplicaciones y la protección con contraseña.

Las billeteras web, también conocidas como billeteras en línea, operan a través de navegadores web y se puede acceder a ellas desde cualquier dispositivo conectado a Internet. Las billeteras web son convenientes, pero tienen riesgos de seguridad inherentes, ya que las claves privadas se almacenan en servidores remotos. Elegir proveedores de billeteras web de buena reputación y habilitar medidas de seguridad adicionales, como la autenticación de dos factores, es esencial para mitigar los riesgos.

Las billeteras de software brindan un fácil acceso a las criptomonedas, lo que permite a los usuarios administrar sus activos desde sus dispositivos preferidos. Las billeteras de software están ampliamente disponibles, con varios sistemas operativos y opciones de dispositivos. Muchas billeteras de software ofrecen características adicionales, como la integración con aplicaciones descentralizadas (DApps) o intercambios integrados, lo que amplía su funcionalidad más allá del almacenamiento.

Las billeteras de papel ofrecen un método seguro y fuera de línea para almacenar criptomonedas. Implican la impresión de claves privadas y direcciones públicas en una hoja de papel física, que luego se puede almacenar de forma segura. Las billeteras de papel generalmente se generan utilizando sitios web o software especializados y están destinadas a ser utilizadas como almacenamiento en frío para tenencias a largo plazo. Los usuarios deben importar las claves privadas a una billetera de software o una billetera en línea compatible para acceder a los fondos.

Las billeteras de papel brindan una solución de almacenamiento fuera de línea, lo que las hace resistentes a los intentos de piratería y al malware. Las claves privadas están seguras siempre y cuando el papel impreso permanezca seguro. Las billeteras de papel eliminan la necesidad de billeteras de hardware o software. Ofrecen un método completamente fuera de línea e independiente para almacenar criptomonedas. Las billeteras de papel se pueden generar de forma gratuita utilizando sitios web dedicados o software de código abierto, lo que las convierte en una solución rentable para almacenar activos digitales.

Las billeteras cerebrales son un tipo único de billetera que se basa en memorizar una frase de contraseña o una secuencia de palabras. Los usuarios generan una clave privada basada en una frase fácil de recordar y usan esa frase de contraseña para recrear la clave siempre que sea necesario. Si bien las billeteras cerebrales ofrecen comodidad, son altamente vulnerables a los ataques de fuerza bruta y, por lo general, no se recomiendan debido a su susceptibilidad al error humano.

Las billeteras multifirma, abreviatura de billeteras multifirma, requieren múltiples firmas o aprobaciones de diferentes partes para autorizar una transacción. Esta capa adicional de seguridad reduce el riesgo de acceso no autorizado o robo. Los monederos multifirma se utilizan a menudo en entornos empresariales o institucionales en los que varias partes interesadas gestionan los activos digitales.

Los proveedores de servicios de terceros, como los exchanges o las plataformas de criptomonedas, proporcionan billeteras de custodia. En las billeteras de custodia, las claves privadas son mantenidas y administradas por el proveedor de servicios en nombre del usuario. Si bien las billeteras de custodia ofrecen comodidad, renuncian a cierto control y seguridad, ya que el usuario debe confiar en que el custodio protegerá sus fondos.

Mejores Prácticas de Seguridad Para el Almacenamiento de Criptomonedas

Las soluciones de almacenamiento seguro se están volviendo cada vez más esenciales a medida que las criptomonedas continúan creciendo en popularidad. El almacenamiento de criptomonedas implica salvaguardar las claves privadas, la puerta de entrada para acceder y administrar los activos digitales. Dada la naturaleza descentralizada e irreversible de las transacciones de cadena de bloques, es imperativo implementar medidas de seguridad sólidas para protegerse contra robos, fraudes e intentos de piratería. Esta sección explorará las mejores prácticas de seguridad para el almacenamiento de criptomonedas, incluidos los métodos de almacenamiento fuera de línea, la autenticación multifactor, el cifrado, los módulos de seguridad de hardware y las actualizaciones periódicas de software. Al adherirse a estas prácticas, los usuarios pueden mejorar la seguridad de sus tenencias de criptomonedas y mitigar los riesgos potenciales.

Uno de los métodos de almacenamiento de criptomonedas más seguros es el almacenamiento fuera de línea, también conocido como billeteras frías. Las billeteras frías mantienen las claves privadas fuera de línea, lejos de posibles amenazas en línea. Las billeteras de hardware y de papel son las dos categorías principales de billeteras frías.

Las billeteras de hardware son objetos tangibles creados específicamente para mantener criptomonedas. Almacenan las claves privadas fuera de línea y proporcionan una capa adicional de protección contra el malware y los intentos de piratería. Las billeteras de hardware suelen tener funciones de seguridad integradas, como chips encriptados, pantallas seguras y botones físicos para la verificación de transacciones. Los usuarios pueden conectar billeteras de hardware a sus computadoras o dispositivos móviles cuando sea necesario, pero las claves privadas permanecen almacenadas de forma segura dentro del dispositivo.

Las billeteras de papel implican imprimir claves privadas y direcciones públicas en una hoja de papel física. A continuación, el monedero de papel se almacena en un lugar seguro. Las billeteras de papel ofrecen una solución de almacenamiento completamente fuera de línea y son inmunes a las amenazas en línea. Los usuarios deben importar las claves privadas a una billetera de software o hardware para acceder a los fondos.

La implementación de la autenticación multifactor agrega una capa adicional de seguridad al almacenamiento de criptomonedas. MFA requiere que los usuarios proporcionen una verificación adicional más allá de una contraseña para acceder a sus billeteras. La autenticación de dos factores (2FA) es el tipo más popular de MFA, que generalmente implica una combinación de una contraseña y un código de verificación único enviado a un dispositivo registrado. Este método garantiza que se necesita un factor adicional para obtener acceso incluso si una contraseña se ve comprometida.

El cifrado es vital para proteger las claves privadas y otros datos confidenciales. Al cifrar las billeteras y los archivos asociados, incluso si una persona no autorizada obtiene acceso a ellos, los datos permanecerán ilegibles sin la clave de cifrado. Es importante utilizar algoritmos de cifrado fuertes y contraseñas seguras para maximizar la eficacia del cifrado.

Los módulos de seguridad de hardware (HSM) proporcionan protección adicional para el almacenamiento de criptomonedas. Los HSM son dispositivos físicos que almacenan y administran de forma segura las claves privadas. Están diseñados para resistir la manipulación y proporcionar operaciones criptográficas de alto nivel. Los HSM ofrecen funciones de seguridad avanzadas, como el almacenamiento seguro de claves, las operaciones criptográficas y la generación de números aleatorios basada en hardware. Los HSM son comúnmente utilizados por instituciones y empresas para asegurar grandes cantidades de criptomonedas.

Actualizar regularmente el software de la billetera es crucial para mantener la seguridad. Los desarrolladores de billeteras lanzan con frecuencia actualizaciones que abordan vulnerabilidades de seguridad y mejoran la funcionalidad general. Mantenerse al día con las últimas versiones de software garantiza que los usuarios tengan la experiencia de billetera más segura y confiable. Es esencial descargar actualizaciones de fuentes oficiales para evitar software falso o malicioso.

El almacenamiento de criptomonedas no depende únicamente de la seguridad de la billetera; Los usuarios también deben tener en cuenta la seguridad de sus redes y dispositivos. La implementación de prácticas de red seguras, como el uso de redes Wi-Fi confiables, evitar las redes Wi-Fi públicas para transacciones confidenciales y el uso de firewalls y software antivirus, puede reducir significativamente el riesgo de acceso no autorizado. Además, mantener los dispositivos actualizados con los últimos parches de seguridad, utilizar contraseñas seguras y únicas, y practicar una buena higiene digital, como evitar enlaces y descargas sospechosas, refuerza aún más la seguridad general.

Hacer una copia de seguridad de los datos de la billetera es esencial en caso de pérdida o daño del almacenamiento principal. Los usuarios deben crear copias de seguridad periódicas de sus billeteras y almacenarlas de forma segura en diferentes ubicaciones físicas. Es crucial cifrar los archivos de copia de seguridad y garantizar su accesibilidad e integridad cuando sea necesario. Se recomienda probar el proceso de recuperación con pequeñas cantidades de criptomonedas antes de confiar en la copia de seguridad para evitar posibles problemas.

Realizar auditorías de seguridad exhaustivas y la debida diligencia es esencial a la hora de elegir un proveedor de monederos o un exchange de criptomonedas. Investigue la reputación y el historial del proveedor de la billetera o el intercambio, examine sus medidas de seguridad y revise los comentarios y reseñas de los usuarios. Busque billeteras e intercambios que prioricen la seguridad, se adhieran a las mejores prácticas de la industria y tengan un historial de protección de los fondos de los usuarios.

CAPÍTULO VIII

Inversión en Ofertas Iniciales de Monedas (ICO) y Ventas de Tokens

Entendiendo las ICO y las Ventas de Tokens

En el sector de las criptomonedas, las ventas de tokens y las ofertas iniciales de monedas (ICO) se han convertido en técnicas comunes de recaudación de fondos. Brindan oportunidades para que los proyectos recauden capital mediante la emisión de tokens digitales a los inversores. Las ICO y las ventas de tokens han revolucionado la forma en que las nuevas empresas y los proyectos basados en cadena de bloques financian su desarrollo y atraen a los inversores. Esta sección profundizará en el mundo de las ICO y las ventas de tokens, explorando sus definiciones, procesos, beneficios, riesgos y consideraciones regulatorias. Comprender las ICO y las ventas de tokens es crucial para los inversores y empresarios que navegan por este panorama dinámico y en rápida evolución.

Las ICO son eventos de crowdfunding en los que los proyectos emiten y venden tokens digitales a cambio de criptomonedas establecidas como Bitcoin (BTC) o Ethereum (ETH). Los tokens suelen representar una parte del proyecto, ofreciendo a los inversores rendimientos potenciales y utilidad dentro del ecosistema del proyecto. Las ICO permiten a los proyectos recaudar fondos de forma inclusiva, atrayendo a inversores de todo el mundo sin necesidad de intermediarios tradicionales.

Las ventas de tokens son similares a las ICO, pero a menudo se refieren a ofertas que no cumplen con la definición técnica de seguridad o siguen las pautas regulatorias. Las ventas de tokens pueden implicar la venta de tokens de utilidad que brindan acceso a la plataforma, los servicios o los productos de un proyecto, en lugar de las oportunidades de inversión tradicionales.

Antes de lanzar una ICO o venta de tokens, los equipos del proyecto deben desarrollar sus ideas, crear un documento técnico que describa los objetivos, las tecnologías y los detalles de los tokens del proyecto, y construir un prototipo o producto mínimo viable (MVP). Estos pasos son cruciales para establecer credibilidad y atraer a posibles inversores.

Durante la fase de generación de tokens, los equipos del proyecto crean y distribuyen tokens digitales utilizando contratos inteligentes en una plataforma cadena de bloques, más comúnmente Ethereum. Los tokens se programan con funcionalidades específicas, como la utilidad dentro del ecosistema del proyecto o el potencial de rendimientos futuros.

Para atraer a los inversores, los proyectos participan en actividades de marketing y promoción, como anuncios públicos, campañas en las redes sociales, participación de la comunidad y asociaciones. La transparencia y la comunicación clara sobre los objetivos del proyecto, el equipo y los detalles de los tokens son esenciales durante esta fase.

La fase de venta de tokens consiste en ofrecer tokens a los inversores a cambio de criptomonedas establecidas. La venta puede ocurrir a través de una fase de preventa, donde un grupo selecto de inversores puede participar a una tasa de descuento, y una fase de venta pública abre la venta al público en general. Los inversores suelen aportar fondos enviando criptomonedas a una dirección de monedero designada.

Una vez que concluye la venta de tokens, los tokens del proyecto se cotizan en los intercambios de criptomonedas, lo que proporciona liquidez y permite a los inversores intercambiar los tokens libremente. El valor del token puede fluctuar en función de la demanda del mercado, el desarrollo de proyectos y las condiciones generales del mercado.

Las ICO y las ventas de tokens democratizan la recaudación de fondos al proporcionar acceso global al capital para proyectos innovadores. Ofrecen una alternativa al capital de riesgo tradicional o a las ofertas públicas iniciales (OPI), lo que permite que los proyectos eludan a los intermediarios financieros tradicionales.

Los tokens emitidos a través de ICO o ventas de tokens a menudo brindan a los primeros usuarios e inversores varios incentivos, como precios de tokens con descuento, tokens de bonificación o acceso exclusivo a funciones o servicios de la plataforma. Este enfoque ayuda a impulsar la adopción temprana y el compromiso con el ecosistema del proyecto.

Al listar tokens en exchanges de criptomonedas, los proyectos aumentan la liquidez y la exposición a un mercado más amplio de inversores. Los poseedores de tokens pueden intercambiar libremente sus tokens, potencialmente obteniendo ganancias o participando aún más en el crecimiento del proyecto.

Las ICO y las ventas de tokens operan en un espacio en gran medida no regulado, lo que expone a los inversores a riesgos como el fraude, la manipulación del mercado y la protección inadecuada de los inversores. La ausencia de marcos regulatorios claros hace que sea crucial que los inversores lleven a cabo una diligencia debida exhaustiva antes de participar en cualquier oferta.

Invertir en ICO y ventas de tokens conlleva el riesgo de apoyar proyectos que pueden no cumplir sus promesas. Evaluar el equipo, la tecnología, la hoja de ruta y el potencial de mercado del proyecto es vital para evaluar su viabilidad y potencial de éxito.

El mercado de las criptomonedas es bastante especulativo y volátil, lo que puede dar lugar a fluctuaciones en los precios e incluso a pérdidas. Los valores de los tokens pueden verse influenciados por el sentimiento del mercado, los desarrollos regulatorios y las condiciones generales del mercado, lo que plantea riesgos para los inversores.

Dependiendo de la naturaleza de los tokens y su clasificación como valores, es posible que los proyectos deban cumplir con las leyes y regulaciones de valores. Los gobiernos y los organismos reguladores de todo el mundo están explorando activamente formas de abordar las ICO y las ventas de tokens dentro de los marcos regulatorios existentes.

Es posible que los proyectos que realizan ICO o ventas de tokens deban implementar procedimientos de Conozca a su cliente (KYC) y contra el lavado de dinero (AML) para mitigar los riesgos asociados con el lavado de dinero y las actividades ilícitas. Estos procedimientos implican la verificación de las identidades de los inversores y el cumplimiento de la normativa pertinente.

Los marcos regulatorios que rodean a las ICO y las ventas de tokens están evolucionando, con diferentes jurisdicciones que adoptan diferentes enfoques. Mantenerse informado sobre los desarrollos regulatorios es crucial para que los proyectos y los inversores naveguen por el panorama legal de manera efectiva.

Evaluación de Proyectos y Documentos Técnicos de ICO

Las Ofertas Iniciales de Monedas (ICO) han ganado una atención significativa en el mundo de las criptomonedas como un medio para que los proyectos basados en cadena de bloques recauden capital. La evaluación de los proyectos de ICO y los documentos técnicos que los acompañan es crucial para los inversores que buscan tomar decisiones de inversión informadas. Los documentos técnicos de las ICO sirven como la principal fuente de información sobre el proyecto, ya que describen sus objetivos, tecnología, tokenómica y hoja de ruta. Esta sección explorará los factores clave a tener en cuenta al evaluar los proyectos y documentos técnicos de ICO, incluida la experiencia del equipo del proyecto, la innovación tecnológica, el potencial de mercado, la economía de tokens, el cumplimiento legal y la participación de la comunidad. Al evaluar exhaustivamente estos aspectos, los inversores pueden tomar decisiones más informadas y mitigar los riesgos asociados con la inversión en ICO.

Los conocimientos y la experiencia del equipo del proyecto juegan un papel importante en el éxito de un proyecto ICO. Los inversores deben evaluar las cualificaciones del equipo, su experiencia en el sector y su trayectoria. Busque miembros del equipo con habilidades relevantes, experiencia en el dominio y una capacidad demostrada para ejecutar proyectos con éxito. Un equipo fuerte inspira confianza en la capacidad del proyecto para cumplir sus promesas.

La presencia de asesores de renombre y asociaciones estratégicas puede proporcionar credibilidad adicional a un proyecto de ICO. Evalúe la experiencia y reputación de los asesores del proyecto y el valor que aportan al proyecto. Las asociaciones con organizaciones establecidas pueden ofrecer apoyo, recursos y acceso potencial al mercado. Considere la junta asesora y las asociaciones como un testimonio de la viabilidad y el potencial de éxito del proyecto.

Evaluar la tecnología subyacente del proyecto ICO. Considere el protocolo de cadena de bloques, el mecanismo de consenso y la infraestructura técnica. Evalúe la capacidad del proyecto para escalar, manejar el volumen de transacciones y proporcionar seguridad. Busque soluciones tecnológicas innovadoras que aborden problemas del mundo real y ofrezcan una ventaja competitiva sobre las soluciones existentes.

Los inversores deben evaluar el progreso del desarrollo del proyecto, incluida la disponibilidad de un prototipo funcional o un producto mínimo viable (MVP). Examine los repositorios de GitHub y la actividad de desarrollo del proyecto. Un proceso de desarrollo activo y transparente indica el compromiso del proyecto de cumplir sus promesas.

Evaluar el análisis de mercado del proyecto y su comprensión del mercado objetivo. Evalúe el tamaño, el potencial de crecimiento y la dinámica del mercado en el que pretende entrar el proyecto. Busca proyectos que aborden puntos débiles significativos u ofrezcan propuestas de valor únicas. Comprender el potencial del mercado es crucial para evaluar la viabilidad a largo plazo del proyecto y el potencial de adopción.

Evalúe el panorama competitivo y cómo el proyecto se diferencia de las soluciones existentes. Ten en cuenta los puntos de venta únicos del proyecto, los avances tecnológicos y las barreras de entrada. Evaluar si el proyecto tiene una ventaja competitiva sostenible que pueda posicionarlo para el éxito en el mercado.

Evaluar la utilidad de los tokens del proyecto dentro de su ecosistema. Evalúe si los tokens tienen casos de uso claros y proporcionan valor a los poseedores de tokens. Busque proyectos en los que los tokens sean fundamentales para acceder a los servicios, participar en la gobernanza del proyecto o proporcionar incentivos. Comprender la utilidad del token es crucial para evaluar su valor potencial.

Evalúe el modelo de suministro y distribución de tokens. Evalúe si la distribución de tokens es transparente, justa y bien estructurada. Busque proyectos que asignen tokens para incentivar el compromiso a largo plazo y alinear los intereses de los inversores y el equipo del proyecto. Un modelo de distribución de tokens bien diseñado puede contribuir a la sostenibilidad a largo plazo y a la propuesta de valor del proyecto.

Evalúe el cumplimiento del proyecto con las leyes y regulaciones locales. Comprender la jurisdicción del proyecto y las obligaciones legales que debe cumplir. Considere proyectos que demuestren un compromiso con la transparencia, el cumplimiento normativo y el cumplimiento de las regulaciones de Conozca a su cliente (KYC) y contra el lavado de dinero (AML). El cumplimiento de los requisitos legales es crucial para el éxito y la legitimidad a largo plazo de un proyecto ICO.

Evalúe si los tokens del proyecto pueden clasificarse como valores según los marcos regulatorios relevantes. El cumplimiento de las leyes de valores puede requerir presentaciones regulatorias adicionales, acreditación de inversores o limitaciones en la transferibilidad de tokens. Comprender las posibles implicaciones regulatorias es esencial para evaluar el cumplimiento del proyecto y los riesgos potenciales.

Evalúe el nivel de participación y apoyo de la comunidad en torno al proyecto ICO. Evalúe el tamaño, la actividad y el sentimiento de la comunidad a través de canales de redes sociales, foros y plataformas comunitarias. Busque proyectos que se comprometan activamente con su comunidad, proporcionen actualizaciones periódicas y respondan a las consultas. Una comunidad fuerte y solidaria puede contribuir al éxito y la adopción del proyecto.

Evaluar las prácticas de transparencia y comunicación del proyecto. Considere la capacidad del proyecto para proporcionar actualizaciones periódicas, compartir informes de progreso y abordar las inquietudes de la comunidad. Los proyectos transparentes que priorizan el diálogo abierto y la comunicación infunden confianza y generan confianza entre los inversores.

Evaluación de las Consideraciones Legales y Reglamentarias

A medida que las criptomonedas han ganado una amplia atención y adopción, el panorama legal y regulatorio que las rodea se ha vuelto cada vez más importante. Los inversores en criptomonedas deben comprender y evaluar las consideraciones legales y regulatorias asociadas con sus inversiones para mitigar los riesgos y garantizar el cumplimiento. En esta sección, exploraremos los factores clave a tener en cuenta a la hora de evaluar las consideraciones legales y reglamentarias en las inversiones en criptomonedas, incluidas las diferencias jurisdiccionales, las regulaciones de valores, los requisitos contra el blanqueo de capitales (AML) y de conocimiento del cliente (KYC), la fiscalidad y la protección del consumidor. Comprender estas consideraciones es esencial para que los inversores tomen decisiones informadas y naveguen por el entorno regulatorio en evolución.

El enfoque regulatorio de las criptomonedas varía significativamente entre jurisdicciones. Algunos países han adoptado las criptomonedas y han establecido marcos legales claros, mientras que otros han implementado regulaciones estrictas o han prohibido las actividades relacionadas con las criptomonedas. Los inversores deben comprender la postura regulatoria de la jurisdicción en la que operan o en la que invierten para garantizar el cumplimiento y evitar escollos legales.

Las regulaciones con respecto a las criptomonedas están en continua evolución. Los gobiernos y los organismos reguladores de todo el mundo están explorando activamente formas de abordar las características y los riesgos únicos de las criptomonedas. Los inversores deben mantenerse informados sobre la evolución de la normativa y estar preparados para adaptar sus estrategias de inversión en consecuencia.

En cuanto a su condición de valores, las criptomonedas y las ofertas iniciales de monedas (ICO) han sido objeto de escrutinio. La categoría depende de factores como los derechos, las expectativas de ganancias y el control asociado con el token o la inversión. El cumplimiento de las regulaciones de valores puede requerir obligaciones legales adicionales, registro y acreditación de inversionistas.

Los inversores deben evaluar si un proyecto de criptomoneda o ICO cumple con las regulaciones de valores en sus respectivas jurisdicciones. Esto incluye evaluar si el proyecto se ha sometido a un registro adecuado, ha proporcionado una divulgación adecuada y ha seguido las medidas de protección de los inversores aplicables. El cumplimiento de las regulaciones de valores ayuda a proteger a los inversores y promueve la transparencia dentro del ecosistema de criptomonedas.

Las criptomonedas se han asociado con actividades ilícitas debido a su naturaleza seudónima. Los reguladores han impuesto requisitos contra el lavado de dinero (AML) a los exchanges de criptomonedas y proveedores de servicios para mitigar los riesgos de lavado de dinero y financiamiento del terrorismo. Los inversores deben evaluar si la plataforma o el exchange que utilizan cumple con la normativa AML y emplea sólidos procedimientos de diligencia debida con respecto al cliente.

Los requisitos de Conozca a su cliente (KYC) exigen que las instituciones financieras y los exchanges de criptomonedas verifiquen las identidades de sus clientes. Los inversores deben evaluar los procedimientos KYC implementados por los exchanges de criptomonedas y las plataformas con las que interactúan para asegurarse de que cumplen con las regulaciones aplicables. Los procedimientos KYC ayudan a prevenir el fraude, el robo de identidad y las actividades ilícitas.

Los inversores deben comprender sus obligaciones de declaración de impuestos relacionadas con las inversiones en criptomonedas. La tributación de las criptomonedas varía según la jurisdicción, y los inversores deben consultar con profesionales de impuestos para garantizar el cumplimiento. Factores como las ganancias de capital, las actividades mineras y las ventas de tokens pueden afectar a las obligaciones fiscales de los inversores.

Los inversores deben participar en la planificación fiscal para optimizar sus inversiones en criptomonedas. Estrategias como la gestión de las ganancias de capital, el mantenimiento adecuado de registros y la utilización de jurisdicciones eficientes desde el punto de vista fiscal pueden ayudar a minimizar las obligaciones fiscales y maximizar los rendimientos de las inversiones. Es crucial buscar asesoramiento de profesionales de impuestos familiarizados con las leyes fiscales de criptomonedas.

Los inversores deben informarse sobre los riesgos asociados a las criptomonedas y tener precaución a la hora de tomar decisiones de inversión. Comprender la gestión de claves privadas, la seguridad de los monederos y las estafas de phishing puede ayudar a los inversores a protegerse de las actividades fraudulentas.

El mercado de las criptomonedas ha visto casos de estafas, ICO fraudulentas y esquemas Ponzi. Los inversores deben llevar a cabo una diligencia debida exhaustiva, incluida la evaluación del equipo del proyecto, la revisión del documento técnico y el escrutinio de la legitimidad del proyecto antes de tomar decisiones de inversión. Mantenerse alerta y estar al tanto de las estafas comunes es crucial para la protección de los inversores.

Dadas las complejidades de las consideraciones legales y regulatorias en las criptomonedas, los inversores deben buscar orientación de profesionales legales especializados en la ley de criptomonedas. El asesoramiento legal puede ayudar a los inversores a navegar por el panorama regulatorio, garantizar el cumplimiento y proteger sus intereses.

Los inversores deben revisar cuidadosamente y cumplir con los términos de servicio de los intercambios de criptomonedas y las plataformas que utilizan. Los inversores pueden evitar posibles cierres de cuentas, pérdidas de dinero e implicaciones legales al comprender y cumplir con las leyes y regulaciones establecidas por las plataformas.

CAPÍTULO IX

Gestión de Las Inversiones en Criptomonedas

Seguimiento y Monitoreo de Carteras de Criptomonedas

Los inversores están diversificando cada vez más sus carteras para incluir estos activos digitales a medida que aumenta la demanda de criptomonedas. Sin embargo, el seguimiento y la supervisión eficaces de las carteras de criptomonedas pueden ser un reto debido a la naturaleza descentralizada del mercado y a la gran cantidad de criptomonedas disponibles. Esta sección explorará la importancia del seguimiento y la supervisión de las carteras de criptomonedas, los elementos clave que hay que tener en cuenta a la hora de gestionar una cartera y las herramientas y estrategias disponibles para facilitar un seguimiento eficaz de la cartera. Comprender estos aspectos es crucial para que los inversores tomen decisiones informadas, optimicen el rendimiento de sus inversiones y garanticen la seguridad de sus activos digitales.

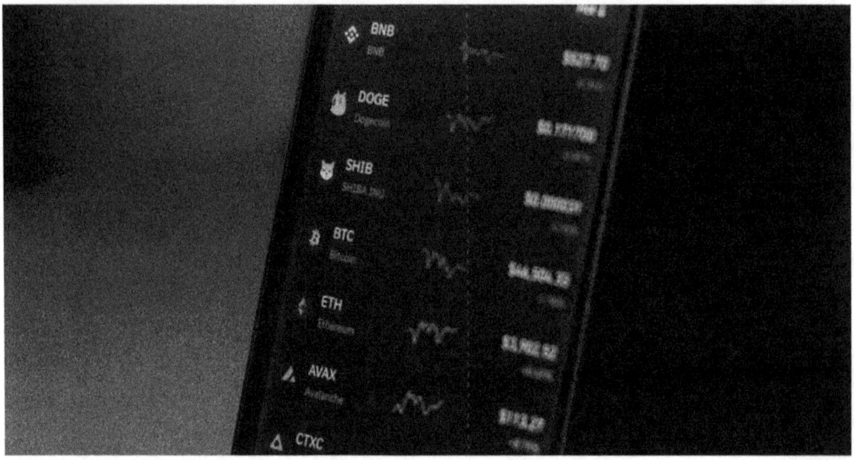

El seguimiento y la supervisión de las carteras de criptomonedas permiten a los inversores evaluar el rendimiento de sus inversiones. Al monitorear el valor, los rendimientos y las métricas de riesgo de su cartera, los inversores pueden tomar decisiones basadas en datos e identificar áreas de mejora.

Un seguimiento eficaz de la cartera permite a los inversores gestionar su exposición al riesgo. Al monitorear el desempeño de los activos individuales, la diversificación y la asignación de carteras, los inversores pueden tomar decisiones informadas para reducir el riesgo y proteger su capital de inversión.

El seguimiento preciso de las inversiones en criptomonedas es esencial para calcular las ganancias o pérdidas de capital a efectos fiscales. Los inversores deben realizar un seguimiento del coste de adquisición, el precio de venta y el periodo de tenencia de cada activo para determinar con precisión sus obligaciones fiscales.

La asignación de activos es la distribución de las inversiones entre diferentes criptomonedas. Los inversores deben definir su tolerancia al riesgo y sus objetivos de inversión para crear una cartera equilibrada. El seguimiento de la asignación permite a los inversores asegurarse de que su cartera se alinea con el perfil de riesgo y la estrategia de inversión deseados.

La diversificación es una estrategia crucial de gestión de riesgos que distribuye las inversiones entre varias criptomonedas y clases de activos. Al diversificar su cartera, los inversores pueden reducir la exposición a riesgos específicos y, potencialmente, mejorar los rendimientos. El seguimiento de la diversificación ayuda a los inversores a mantener una cartera equilibrada y bien diversificada.

El monitoreo de las métricas de rendimiento es esencial para evaluar el éxito de una cartera de criptomonedas. Las métricas clave incluyen el retorno de la inversión (ROI), el valor de la cartera, la volatilidad y las comparaciones de referencia. El seguimiento de estas métricas permite a los inversores evaluar el rendimiento de su cartera en relación con las tendencias del mercado y los objetivos de inversión.

El registro y seguimiento del historial de transacciones es vital para un seguimiento preciso de la cartera. Los inversores deben mantener un registro completo de las compras, ventas y transferencias de criptomonedas. Esta información es necesaria para calcular las ganancias o pérdidas, realizar un seguimiento de la base de costos y mantener registros fiscales precisos.

Las herramientas especializadas de seguimiento de carteras de criptomonedas están disponibles para simplificar el proceso de seguimiento de las inversiones. Estas herramientas se sincronizan automáticamente con los exchanges de criptomonedas, agregando datos de cartera y proporcionando actualizaciones en tiempo real sobre el valor de la cartera, la asignación de activos y las métricas de rendimiento. Algunos ejemplos son CoinStats, Blockfolio y Delta.

El seguimiento de los precios de las criptomonedas y la configuración de alertas de precios pueden ayudar a los inversores a mantenerse informados sobre los movimientos del mercado y a tomar decisiones de inversión oportunas. Varias plataformas y aplicaciones proporcionan seguimiento de precios en tiempo real y alertas personalizables, lo que garantiza que los inversores sean notificados cuando los precios alcancen umbrales específicos.

Los inversores pueden utilizar herramientas de análisis de rendimiento para generar informes completos sobre el rendimiento de su cartera. Estos informes proporcionan información sobre las métricas clave de rendimiento, como el ROI, la volatilidad y la asignación, lo que permite a los inversores evaluar su estrategia de inversión, identificar áreas de mejora y realizar un seguimiento del progreso a lo largo del tiempo.

La implementación de estrategias de gestión de riesgos es crucial para proteger las inversiones en criptomonedas. Herramientas como las órdenes de stop-loss y las órdenes de trailing stop pueden ayudar a los inversores a establecer puntos de precio predeterminados a los que sus activos se venderán automáticamente para limitar las pérdidas potenciales. Estas estrategias se pueden ejecutar a través de plataformas de intercambio de criptomonedas.

Al rastrear y monitorear las carteras de criptomonedas, los inversores deben priorizar la seguridad. Las soluciones de almacenamiento en frío, como las billeteras de hardware o de papel, proporcionan almacenamiento fuera de línea para las claves privadas, protegiendo los activos digitales de las amenazas en línea y los intentos de piratería.

Habilitar la autenticación de dos factores (2FA) agrega una capa adicional de seguridad a las cuentas de intercambio de criptomonedas y las herramientas de seguimiento de carteras. La 2FA requiere que los usuarios proporcionen un segundo factor de verificación, generalmente un código enviado a su dispositivo móvil, para acceder a sus cuentas.

Los inversores deben realizar periódicamente auditorías de seguridad para garantizar la integridad de sus carteras y de las plataformas que utilizan. La auditoría implica revisar la configuración de la cuenta, los permisos de acceso y los dispositivos conectados para identificar posibles vulnerabilidades.

Para garantizar la precisión del seguimiento de la cartera, los inversores deben actualizar regularmente la información de su cartera, incluidas las nuevas compras, ventas y transferencias. Es crucial mantener actualizado el historial de transacciones y las métricas de rendimiento para tomar decisiones de inversión informadas.

El reequilibrio implica ajustar la asignación de activos en una cartera para mantener el nivel de riesgo y la estrategia de inversión deseados. El monitoreo regular permite a los inversores identificar cuándo es necesario reequilibrar, asegurando que la cartera permanezca alineada con sus objetivos de inversión.

Los mercados de criptomonedas son dinámicos y están sujetos a cambios rápidos. Los inversores deben mantenerse informados sobre las noticias del sector, las tendencias del mercado y los desarrollos normativos que puedan afectar a sus carteras. Seguir fuentes acreditadas, unirse a comunidades relevantes y participar en discusiones puede ayudar a los inversores a tomar decisiones informadas.

Estrategias de Reequilibrio

Una cartera de inversión bien equilibrada es esencial para el éxito a largo plazo, y el reequilibrio es crucial para lograr este equilibrio. El reequilibrio se refiere al proceso estratégico de ajustar la asignación de activos de una cartera para alinearla con los objetivos deseados. Ayuda a los inversores a optimizar el rendimiento de su cartera, gestionar el riesgo y alinear sus inversiones con sus objetivos financieros. Esta sección profundizará en la importancia del reequilibrio, los principios clave de las estrategias de reequilibrio efectivas, los diferentes enfoques para el reequilibrio y los beneficios y desafíos asociados con esta práctica. Comprender estos aspectos es vital para que los inversores tomen decisiones informadas y mantengan una cartera bien optimizada.

El reequilibrio permite a los inversores gestionar eficazmente el riesgo manteniendo la asignación de activos deseada. Con el tiempo, ciertos activos pueden superar a otros, lo que lleva a una desviación de la asignación original. El reequilibrio garantiza que la exposición al riesgo esté controlada, evitando una sobreponderación de los activos de alto riesgo, lo que podría dar lugar a pérdidas significativas durante las recesiones del mercado.

El reequilibrio permite a los inversores capitalizar los movimientos del mercado y mejorar potencialmente los rendimientos de la cartera. Al vender una parte de los activos de rendimiento superior y reasignar fondos a activos de bajo rendimiento, los inversores pueden aprovechar las correcciones del mercado y comprar barato mientras venden caro.

El reequilibrio ayuda a los inversores a alinear sus carteras con sus objetivos de inversión. A medida que cambian los objetivos financieros o evoluciona la tolerancia al riesgo, el ajuste de la asignación de activos a través del reequilibrio garantiza que la cartera permanezca alineada con el perfil de riesgo-rendimiento deseado.

La base de una estrategia de reequilibrio eficaz radica en el establecimiento de objetivos claros de asignación de activos. Esto implica determinar los porcentajes deseados de las diferentes clases de activos dentro de la cartera, como acciones, bonos e inversiones alternativas. Estos objetivos deben reflejar la tolerancia al riesgo, el horizonte de inversión y los objetivos financieros del inversor.

Establecer umbrales de reequilibrio es crucial para determinar cuándo iniciar los ajustes de cartera. Los umbrales se pueden definir como desviaciones porcentuales específicas de la asignación objetivo. Por ejemplo, si la asignación objetivo para las existencias es del 60 %, un umbral de reequilibrio del 5 % desencadenaría un reequilibrio si la asignación de existencias se desvía en más de un 5 %.

La frecuencia del reequilibrio depende de las preferencias individuales, las condiciones del mercado y la complejidad de la cartera. Los enfoques comunes incluyen el reequilibrio anual, semestral o trimestral. Sin embargo, algunos inversores pueden optar por un reequilibrio más frecuente o basado en eventos en función de movimientos específicos del mercado o cambios en el panorama de la inversión.

El reequilibrio basado en el tiempo implica el cumplimiento de un cronograma predeterminado, como el reequilibrio en una fecha específica cada año. Este enfoque garantiza un enfoque coherente y disciplinado de la gestión de carteras. Sin embargo, puede dar lugar a un reequilibrio cuando las condiciones del mercado no justifican necesariamente ajustes.

El reequilibrio basado en porcentajes implica iniciar ajustes cuando la asignación de activos se desvía de la asignación objetivo en un porcentaje específico. Por ejemplo, si la asignación objetivo para los bonos es del 30% y aumenta al 35%, se activaría el reequilibrio para reasignar los fondos al nivel deseado. Este enfoque permite una mayor flexibilidad y garantiza que los ajustes se realicen en función del rendimiento real de la cartera.

El reequilibrio basado en umbrales o bandas implica establecer límites superior e inferior alrededor de la asignación de destino. Cuando la cartera se desplaza más allá de estos límites, se activa el reequilibrio. Por ejemplo, si la asignación objetivo para las existencias es del 60 %, un enfoque basado en umbrales puede dictar el reequilibrio cuando la asignación de existencias supere el 65 % o caiga por debajo del 55 %. Este enfoque permite una mayor flexibilidad, evitando ajustes frecuentes e innecesarios durante fluctuaciones menores.

El reequilibrio ayuda a mantener el nivel de riesgo deseado al evitar una exposición excesiva a clases de activos volátiles. Al realinear regularmente la cartera, los inversores pueden asegurarse de que su exposición al riesgo se mantenga dentro de su zona de confort predeterminada.

El reequilibrio permite a los inversores capitalizar las oportunidades del mercado. Los inversores pueden mejorar sus rendimientos a lo largo del tiempo vendiendo activos de alto rendimiento y reasignando fondos a activos de bajo rendimiento.

El reequilibrio fomenta un comportamiento de inversión disciplinado y ayuda a los inversores a centrarse en sus objetivos a largo plazo. Evita la toma de decisiones emocionales impulsada por las fluctuaciones del mercado a corto plazo y garantiza la adherencia a la estrategia de inversión original.

El reequilibrio frecuente puede aumentar los costos de transacción, incluidas las tarifas de negociación y los impuestos, lo que erosiona los rendimientos de la cartera. Los inversores deben tener en cuenta el impacto de estos costes a la hora de decidir la frecuencia y la magnitud del reequilibrio.

El reequilibrio a menudo requiere la venta de activos que han tenido un buen rendimiento y la compra de activos que han tenido un rendimiento inferior. Esto puede ser psicológicamente desafiante para algunos inversores que pueden verse tentados a perseguir ganadores recientes o dudar en invertir en activos que han experimentado pérdidas recientes. La disciplina emocional es crucial para un reequilibrio exitoso.

El reequilibrio implica hacer predicciones sobre los movimientos futuros del mercado. Siempre existe el riesgo de que se extralimiten los ajustes, lo que podría perder más ganancias o incurrir en pérdidas. Los inversores deben equilibrar los ajustes proactivos y evitar las operaciones excesivas basadas en las fluctuaciones del mercado a corto plazo.

Los inversores deben supervisar periódicamente sus carteras para evaluar las desviaciones de las asignaciones objetivo y determinar cuándo es necesario reequilibrar. El monitoreo se puede realizar utilizando software de gestión de carteras, hojas de cálculo o herramientas de seguimiento dedicadas que proporcionan datos en tiempo real sobre las asignaciones de activos.

Los inversores deben evaluar el impacto del reequilibrio en la rentabilidad de la cartera. Al comparar el rendimiento de una cartera reequilibrada con una desequilibrada, los inversores pueden evaluar la eficacia de su estrategia de reequilibrio y realizar ajustes si es necesario. La evaluación del rendimiento ayuda a los inversores a comprender los beneficios de reequilibrar y ajustar su enfoque a lo largo del tiempo.

Las estrategias de reequilibrio deben revisarse y ajustarse periódicamente en función de las condiciones cambiantes del mercado, los objetivos de inversión y las preferencias de riesgo. Los inversores deben estar abiertos a ajustar sus umbrales, frecuencias o enfoques de reequilibrio para garantizar una alineación continua con sus objetivos.

Implicaciones fiscales de la Inversión en Criptomonedas

La inversión en criptomonedas ha ganado una gran popularidad en los últimos años, ya que las personas y las empresas buscan capitalizar los posibles rendimientos y los beneficios de diversificación que ofrecen los activos digitales. Sin embargo, los inversores deben comprender las implicaciones fiscales asociadas con las inversiones en criptomonedas. En esta sección, exploraremos las consideraciones fiscales que los inversores deben tener en cuenta, incluida la clasificación de las criptomonedas a efectos fiscales, los hechos imponibles, las obligaciones de información y las estrategias para gestionar los impuestos sobre las criptomonedas. Comprender estas implicaciones fiscales es crucial para que los inversores cumplan con las regulaciones fiscales, minimicen las obligaciones fiscales y tomen decisiones de inversión informadas.

Las criptomonedas a menudo se clasifican como propiedad en lugar de moneda tradicional a efectos fiscales. Esta clasificación significa que el tratamiento fiscal de las criptomonedas es similar al de otras formas de propiedad, como las acciones o los bienes inmuebles. Dependiendo del período de tenencia y de la diferencia entre los precios de compra y venta, la venta o el intercambio de criptomonedas puede dar lugar a ganancias o pérdidas de capital.

Además de las criptomonedas, los activos tokenizados representan la propiedad o los derechos sobre activos del mundo real, como bienes inmuebles o acciones de empresas. El tratamiento fiscal de los activos tokenizados puede diferir del de las criptomonedas, ya que pueden estar sujetos a regulaciones y reglas fiscales específicas según la jurisdicción y la naturaleza del activo.

Las ventas o intercambios de criptomonedas son transacciones sujetas a impuestos que pueden generar ganancias o pérdidas de capital. Las ganancias de capital ocurren cuando los ingresos de la venta exceden la base de costo (precio de compra), mientras que las pérdidas de capital ocurren cuando los ingresos son más bajos que la base de costo. El período de tenencia de la criptomoneda también determina si las ganancias se clasifican como a corto o largo plazo, con diferentes tasas impositivas aplicadas a cada una.

La minería y el staking de criptomonedas, la validación de transacciones y el mantenimiento de la cadena de bloques también pueden tener implicaciones fiscales. En muchas jurisdicciones, las recompensas recibidas de la minería o el staking se consideran ingresos imponibles, y los mineros o stakers deben informar el valor de las recompensas en el momento de recibirlas.

Participar en ICO o ventas de tokens puede crear eventos imponibles, ya que la adquisición de tokens a menudo se considera una compra de propiedad. La posterior venta o intercambio de estos tokens puede desencadenar ganancias o pérdidas de capital, de forma similar a la venta o el intercambio de criptomonedas.

Para informar con precisión las transacciones de criptomonedas y calcular las ganancias o pérdidas de capital, es crucial mantener registros detallados de todas las actividades de criptomonedas. Esto incluye información como la fecha de adquisición, la base de costo, el valor justo de mercado en el momento de la adquisición y el valor justo de mercado en el momento de la venta o el intercambio.

En muchas jurisdicciones, las ganancias y pérdidas de capital de las transacciones de criptomonedas deben informarse en las declaraciones de impuestos anuales. Los formularios o anexos específicos requeridos pueden variar según la jurisdicción. Es esencial comprender las regulaciones fiscales en la jurisdicción pertinente y cumplir con los requisitos de información para evitar posibles sanciones o auditorías.

Es posible que se apliquen obligaciones de información adicionales a las personas que posean criptomonedas en bolsas o cuentas extranjeras. Muchas jurisdicciones exigen que las personas revelen cuentas financieras extranjeras si el valor total supera un determinado umbral. Se pueden aplicar sanciones graves si no se cumplen estos requisitos de información.

La recolección de pérdidas fiscales implica la venta estratégica de criptomonedas o activos tokenizados que han incurrido en pérdidas para compensar las ganancias de capital obtenidas de otras inversiones. Al realizar pérdidas, los inversores pueden reducir su obligación tributaria general.

Los inversores pueden ser elegibles para las tasas de impuestos sobre las ganancias de capital a largo plazo, que suelen ser más bajas que las tasas de ganancias de capital a corto plazo, si mantienen criptomonedas durante más de un período de tiempo específico, generalmente un año. Al mantener las inversiones a largo plazo, los inversores pueden beneficiarse de un tratamiento fiscal más favorable.

En algunas jurisdicciones, ciertas cuentas con ventajas fiscales, como las cuentas individuales de jubilación (IRA) o las 401(k) autodirigidas, pueden permitir a los inversores mantener criptomonedas dentro de la cuenta, difiriendo los impuestos sobre las ganancias de capital hasta la edad de jubilación o permitiendo el crecimiento libre de impuestos.

Dada la complejidad de las regulaciones fiscales sobre criptomonedas, puede ser beneficioso buscar asesoramiento de profesionales fiscales con experiencia en impuestos sobre criptomonedas. Pueden guiar el cumplimiento, la planificación fiscal y la optimización de las estrategias fiscales en función de las circunstancias individuales.

Es importante tener en cuenta que el panorama regulatorio de la tributación de las criptomonedas aún está evolucionando. Las leyes y regulaciones fiscales pueden variar significativamente de una jurisdicción a otra y pueden cambiar con el tiempo. Por lo tanto, los inversores deben mantenerse actualizados con las últimas regulaciones fiscales y buscar asesoramiento profesional para garantizar el cumplimiento y tomar decisiones informadas.

Estrategias de Salida y Toma de Beneficios

Al participar en cualquier forma de inversión, incluidas las criptomonedas, es crucial tener una estrategia de salida bien definida. Una estrategia de salida describe el plan para vender o liquidar inversiones para obtener ganancias o manejar posibles pérdidas. La toma de beneficios es esencial para el éxito de la inversión, ya que permite a los inversores asegurar las ganancias y proteger su capital. En esta sección se explorará la importancia de las estrategias de salida, los diferentes enfoques de la obtención de beneficios, las consideraciones para establecer objetivos de salida y los métodos comunes para ejecutar las estrategias de salida. Comprender estos aspectos es vital para que los inversores tomen decisiones informadas, gestionen el riesgo y maximicen los rendimientos de sus inversiones.

Uno de los principales objetivos de una estrategia de salida es asegurar las ganancias. Al establecer un plan predefinido para vender inversiones cuando se cumplen ciertas condiciones, los inversores pueden evitar las trampas de la codicia y la toma de decisiones emocionales. La toma de ganancias garantiza que se obtengan ganancias y que los inversores puedan disfrutar de los frutos de sus inversiones exitosas.

Las estrategias de salida también desempeñan un papel crucial en la gestión del riesgo y la protección del capital. Al establecer puntos de salida predefinidos, los inversores pueden limitar las pérdidas potenciales y evitar caídas significativas en su cartera de inversiones. Este enfoque de gestión de riesgos ayuda a protegerse contra movimientos inesperados del mercado y promueve la estabilidad general de la cartera.

El panorama de la inversión es dinámico y las condiciones del mercado pueden cambiar rápidamente. Una estrategia de salida proporciona flexibilidad a los inversores para adaptarse a la dinámica cambiante del mercado. Les permite ajustar sus posiciones, capitalizar las oportunidades del mercado y proteger sus inversiones en momentos de mayor volatilidad o condiciones de mercado inciertas.

Un enfoque para la toma de ganancias es establecer objetivos de precios fijos. Los inversores determinan un nivel de precio específico al que venderán sus inversiones para obtener beneficios.

Este enfoque proporciona una guía clara y objetiva para la toma de ganancias, independientemente de los movimientos futuros del mercado. Sin embargo, puede resultar en oportunidades perdidas si el precio sube después de alcanzar el objetivo.

Los trailing stops son una estrategia dinámica de toma de beneficios que ajusta el precio de venta a medida que el precio de mercado se mueve a favor del inversor. Con los trailing stops, la orden de venta se establece en un cierto porcentaje o cantidad en dólares por debajo del precio de mercado más alto alcanzado desde que se realizó la inversión. Este enfoque permite a los inversores capturar el potencial alcista y, al mismo tiempo, proteger las ganancias al ajustar automáticamente el precio de venta a medida que aumenta el mercado.

El análisis fundamental implica evaluar el valor intrínseco de una inversión en función de varios factores, como el rendimiento financiero, las tendencias de la industria y las condiciones del mercado. Al utilizar el análisis fundamental como estrategia de salida, los inversores establecen criterios específicos, como una relación precio-beneficio (PER) objetivo o un determinado hito de ingresos, en el que saldrán de su posición. Este enfoque es especialmente relevante para los inversores a largo plazo que creen en el valor fundamental de sus inversiones.

El establecimiento de objetivos de salida debe alinearse con los objetivos de inversión específicos y el horizonte temporal del inversor. Por ejemplo, los traders a corto plazo pueden tener objetivos de toma de beneficios más frecuentes para capturar los movimientos de precios a corto plazo, mientras que los inversores a largo plazo pueden tener objetivos de salida basados en el logro de objetivos financieros específicos a largo plazo.

El análisis técnico, incluidos los patrones gráficos y los indicadores técnicos, puede proporcionar información valiosa para establecer objetivos de salida. Los inversores pueden identificar niveles de resistencia clave, cambios de tendencia o condiciones de sobrecompra como posibles puntos de salida. El análisis técnico ayuda a los inversores a tomar decisiones informadas basadas en patrones históricos de precios y tendencias del mercado.

Tener en cuenta la relación riesgo-recompensa es esencial a la hora de establecer objetivos de salida. Los inversores deben evaluar si el beneficio potencial justifica el riesgo que conlleva. Una relación riesgo-recompensa favorable garantiza que la recompensa potencial supere la pérdida potencial, proporcionando una base lógica para establecer objetivos de salida y gestionar las inversiones.

Las órdenes de stop-loss se utilizan comúnmente para ejecutar estrategias de salida y limitar las pérdidas potenciales. Una orden de stop-loss se coloca por debajo del precio de mercado actual, y si el precio alcanza o cae por debajo del nivel especificado, la orden se activa y la inversión se vende automáticamente. Las órdenes de stop loss ayudan a los inversores a controlar el riesgo y protegerse contra caídas significativas en el mercado.

Otro método para ejecutar estrategias de salida es la toma parcial de beneficios. En lugar de vender toda la posición de inversión de una sola vez, los inversores venden una parte de sus tenencias para obtener ganancias mientras mantienen la exposición a posibles ganancias adicionales. Este enfoque permite a los inversores asegurar beneficios sin dejar de beneficiarse de posibles movimientos alcistas.

Una revisión periódica de la cartera es crucial para ejecutar eficazmente las estrategias de salida. Los inversores deben revisar sus carteras periódicamente para reevaluar su tesis de inversión, evaluar el rendimiento y determinar si es necesario realizar algún ajuste. Este monitoreo continuo ayuda a identificar oportunidades de toma de ganancias en función de los objetivos de inversión y las condiciones del mercado.

La disciplina emocional es un aspecto vital para el éxito de las estrategias de salida y la toma de beneficios. Los inversores deben superar la tentación de dejarse llevar por la codicia o el miedo y ceñirse a sus planes de salida predefinidos. Las emociones tienen el potencial de nublar el juicio y causar acciones impulsivas que pueden no estar en línea con los objetivos financieros a largo plazo.

Si bien es esencial contar con una estrategia de salida bien definida, es igualmente crucial que los inversores sean flexibles y se adapten a las condiciones cambiantes del mercado. A veces, los imprevistos o la nueva información pueden requerir una modificación del plan de salida inicial. La flexibilidad permite a los inversores realizar ajustes informados y capitalizar la evolución de la dinámica del mercado.

CAPÍTULO X

Navegando Por el Mercado de Criptomonedas

Tendencias del Mercado y Volatilidad

Las tendencias del mercado y la volatilidad juegan un papel importante en la inversión en criptomonedas. Comprender y navegar eficazmente por estas dinámicas es crucial para los inversores que buscan capitalizar las oportunidades potenciales y gestionar los riesgos inherentes al mercado de las criptomonedas. En esta sección, exploraremos el concepto de tendencias del mercado, los impulsores de la volatilidad, el impacto del sentimiento del mercado y las estrategias para navegar por las tendencias del mercado y la volatilidad. Al obtener información sobre estos aspectos, los inversores pueden tomar decisiones informadas, mitigar riesgos y optimizar sus resultados de inversión.

Las tendencias del mercado representan la dirección general en la que se mueve el mercado general o activos específicos. Al analizar los datos históricos de precios y los indicadores del mercado, los inversores pueden identificar tendencias clave como tendencias alcistas, bajistas o movimientos laterales. Comprender las tendencias del mercado proporciona a los inversores información valiosa para tomar decisiones informadas sobre los puntos de entrada y salida, la gestión de riesgos y la asignación de carteras.

Varios factores influyen en las tendencias del mercado en el espacio de las criptomonedas. Estos incluyen los avances tecnológicos, los desarrollos regulatorios, la adopción del mercado, las condiciones macroeconómicas y el sentimiento de los inversores. Al mantenerse informados sobre estos impulsores, los inversores pueden anticipar mejor los posibles cambios de tendencia y posicionarse ventajosamente.

Las tendencias del mercado se pueden clasificar en primarias, intermedias y de corto plazo. Las tendencias primarias abarcan movimientos a largo plazo que pueden durar meses o incluso años. Las tendencias intermedias se refieren a movimientos dentro de la tendencia primaria y pueden durar semanas o meses. Las tendencias a corto plazo representan movimientos temporales de precios que duran desde días hasta unas pocas semanas. Comprender estos diferentes tipos de tendencias ayuda a los inversores a alinear sus estrategias de inversión con el marco temporal adecuado.

La volatilidad es el grado de fluctuación de precios en un mercado o activo. En las criptomonedas, la volatilidad suele ser mayor que en los mercados financieros tradicionales. La volatilidad se puede medir utilizando métricas como la desviación estándar, el rango verdadero promedio (ATR) o los índices de volatilidad. Al cuantificar y comprender la volatilidad, los inversores pueden evaluar el nivel de riesgo y la recompensa potencial asociada con una inversión en particular.

Varios factores pueden influir en la volatilidad del mercado de criptomonedas. Estos incluyen la liquidez del mercado, los eventos noticiosos, los anuncios regulatorios, los desarrollos tecnológicos, la manipulación del mercado y el sentimiento general del mercado. Los eventos externos y las condiciones del mercado pueden desencadenar movimientos sustanciales de precios y aumentar la volatilidad.

Los inversores deben gestionar la volatilidad para proteger sus inversiones y minimizar las posibles pérdidas. Algunas estrategias incluyen la diversificación, las técnicas de gestión de riesgos (como las órdenes de stop-loss), el dimensionamiento de las posiciones y el establecimiento de expectativas realistas. Al implementar prácticas efectivas de gestión de riesgos, los inversores pueden mitigar el impacto de la volatilidad y navegar con más éxito por las turbulentas condiciones del mercado.

El sentimiento del mercado se refiere a los sentimientos y emociones colectivos de los participantes del mercado, como los inversores, los traders y los especuladores. Puede influir en gran medida en los movimientos de precios y las tendencias del mercado. El sentimiento positivo puede impulsar la presión de compra y empujar los precios al alza, mientras que el sentimiento negativo puede provocar una presión de venta y caídas de precios. Comprender el sentimiento del mercado ayuda a los inversores a medir las expectativas del mercado y a tomar decisiones más informadas.

Varios indicadores pueden proporcionar información sobre el sentimiento del mercado. Estos incluyen el análisis de sentimiento de las redes sociales, el análisis de sentimiento de las noticias, las encuestas, los índices de sentimiento del mercado y el análisis de volumen. Al monitorear estos indicadores, los inversores pueden comprender mejor el sentimiento del mercado y ajustar sus estrategias de inversión en consecuencia.

El miedo y la codicia son emociones dominantes que pueden afectar significativamente el sentimiento del mercado. Las ventas impulsadas por el miedo pueden conducir a ventas de pánico y caídas del mercado, mientras que las compras impulsadas por la codicia pueden conducir a burbujas especulativas y euforia en el mercado. Los inversores deben seguir siendo disciplinados y no dejarse llevar únicamente por estas emociones. Equilibrar las emociones con el análisis racional es vital para invertir con éxito.

El análisis técnico es un enfoque ampliamente utilizado para comprender las tendencias del mercado y predecir los movimientos futuros de los precios. Los inversores pueden obtener información sobre las tendencias del mercado y las posibles reversiones mediante el análisis de gráficos de precios, líneas de tendencia, patrones gráficos e indicadores técnicos. El análisis técnico proporciona un marco sistemático para tomar decisiones de inversión informadas basadas en datos históricos de precios.

El análisis fundamental implica evaluar el valor subyacente y los factores intrínsecos de un activo. Al evaluar factores como los fundamentos del proyecto, la adopción del mercado, la experiencia del equipo y los avances tecnológicos, los inversores pueden comprender mejor el potencial y la viabilidad a largo plazo del activo. La combinación del análisis fundamental con el análisis técnico puede proporcionar una visión completa de las tendencias del mercado y las posibles oportunidades de inversión.

Adaptar las estrategias de inversión a las condiciones cambiantes del mercado es crucial para navegar por las tendencias y la volatilidad del mercado. Se pueden emplear estrategias como el seguimiento de tendencias, el trading de rango y el trading en contra de la tendencia en función de las condiciones imperantes en el mercado. La flexibilidad y la capacidad de ajustar la estrategia en respuesta a la evolución de las tendencias y la volatilidad son clave para invertir con éxito.

Evaluación de las Noticias y el Sentimiento del Mercado

Las noticias y el sentimiento del mercado juegan un papel crucial en la inversión en criptomonedas. Mantenerse informado sobre las últimas noticias y comprender el sentimiento del mercado puede proporcionar información valiosa sobre las tendencias del mercado, las posibles oportunidades de inversión y la gestión de riesgos. En esta sección, exploraremos la importancia de evaluar las noticias y el sentimiento del mercado, discutiremos las fuentes de noticias y el análisis del sentimiento, examinaremos el impacto de las noticias en los precios de las criptomonedas y proporcionaremos estrategias para evaluar las noticias y el sentimiento del mercado de manera efectiva. Al perfeccionar estas habilidades, los inversores pueden tomar decisiones informadas, navegar por la dinámica del mercado y mejorar sus resultados de inversión.

Las noticias tienen el poder de influir significativamente en los precios de las criptomonedas. Los eventos que mueven el mercado, como los anuncios regulatorios, los avances tecnológicos, las asociaciones, las violaciones de seguridad y la adopción del mercado, pueden desencadenar fluctuaciones sustanciales de precios. La evaluación de las noticias permite a los inversores identificar posibles catalizadores que pueden afectar al mercado y tomar decisiones informadas basadas en información relevante.

El sentimiento del mercado refleja las emociones, creencias y expectativas colectivas de los participantes en el mercado. Puede influir en gran medida en los movimientos de precios y las tendencias del mercado. Comprender el sentimiento del mercado ayuda a los inversores a medir las expectativas del mercado, identificar tendencias potenciales y tomar decisiones de inversión más informadas. La evaluación del sentimiento del mercado permite a los inversores evaluar el estado de ánimo y el sentimiento predominantes en el mercado.

Numerosas fuentes proporcionan noticias e información relevante para el mercado de las criptomonedas. Estas fuentes incluyen medios de comunicación de renombre, publicaciones de la industria, anuncios oficiales de proyectos, plataformas de redes sociales, foros en línea y agregadores de noticias de criptomonedas. Los inversores deben diversificar sus fuentes de noticias, verificar la credibilidad de la información y considerar múltiples perspectivas para obtener una visión integral de la evolución del mercado.

Las tecnologías de análisis de sentimientos utilizan el aprendizaje automático y el procesamiento del lenguaje natural para analizar datos de texto de artículos, publicaciones en redes sociales y otras fuentes. Estas herramientas evalúan el sentimiento de la información, ya sea positivo, negativo o neutral, para medir el sentimiento del mercado. El análisis de sentimiento puede proporcionar información sobre las expectativas del mercado, los cambios de sentimiento y las posibles reacciones del mercado.

Los comunicados de prensa pueden desencadenar movimientos de precios inmediatos y significativos en el mercado de criptomonedas. Las noticias positivas, como el anuncio de una asociación importante o el respaldo regulatorio, pueden provocar aumentos repentinos de precios, mientras que las noticias negativas, como las violaciones de seguridad o las medidas enérgicas regulatorias, pueden provocar caídas de precios. Los inversores deben estar preparados para reaccionar rápidamente a los precios ante las noticias y evaluar las posibles implicaciones para sus posiciones de inversión.

Si bien las reacciones inmediatas de los precios a los eventos noticiosos son comunes, los efectos a largo plazo de las noticias en los precios de las criptomonedas pueden variar. Los factores fundamentales, la evolución de los proyectos, la adopción del mercado y otras condiciones macroeconómicas suelen influir en las tendencias de los precios a largo plazo. La evaluación de las implicaciones a largo plazo de los eventos noticiosos requiere considerar el contexto más amplio del mercado y comprender los fundamentos de los proyectos o activos subyacentes.

Dada la naturaleza descentralizada del mercado de criptomonedas, la información errónea y los rumores pueden propagarse rápidamente. Los inversores deben verificar la credibilidad de las fuentes de noticias antes de tomar decisiones de inversión. Confiar en fuentes confiables y de buena reputación ayuda a garantizar la exactitud de la información y reduce el riesgo de actuar sobre noticias falsas o engañosas.

Evaluar las noticias y el sentimiento del mercado implica considerar múltiples perspectivas y realizar una investigación exhaustiva. Diferentes fuentes pueden presentar diferentes puntos de vista e interpretaciones de los acontecimientos. Los inversores pueden comprender el mercado más a fondo y tomar decisiones sabias teniendo en cuenta una variedad de perspectivas.

El mercado de las criptomonedas es susceptible al ruido, que se refiere a información irrelevante o exagerada que puede distorsionar el sentimiento del mercado. Los inversores deben diferenciar entre el ruido y las noticias sustantivas que realmente afectan al mercado. Centrarse en las noticias sustantivas y filtrar el ruido ayuda a los inversores a evitar decisiones reaccionarias basadas en la exageración o en las fluctuaciones temporales del mercado.

Evaluar las noticias y el sentimiento del mercado requiere monitorear las reacciones del mercado y los movimientos de precios después de los eventos noticiosos. Observar cómo responde el mercado a las noticias puede proporcionar información valiosa sobre el sentimiento de los inversores y las expectativas del mercado. El análisis de las reacciones del mercado ayuda a los inversores a calibrar la interpretación de las noticias por parte del mercado y a tomar decisiones informadas basadas en estas observaciones.

Si bien las noticias y el sentimiento del mercado pueden influir en los movimientos de precios a corto plazo, los inversores deben mantener una perspectiva a largo plazo. La evaluación de las noticias y el sentimiento debe combinarse con un enfoque en el análisis fundamental, la viabilidad del proyecto y los objetivos a largo plazo. Al alinear la evaluación de noticias con un enfoque de inversión a largo plazo, los inversores pueden evitar dejarse llevar únicamente por el sentimiento del mercado a corto plazo.

Reconocer la Manipulación del Mercado y las Estafas

En la inversión en criptomonedas, la manipulación del mercado y las estafas plantean riesgos significativos para los inversores. La naturaleza descentralizada y relativamente poco regulada del mercado de criptomonedas crea un entorno en el que las actividades fraudulentas pueden prosperar. Reconocer y protegerse contra la manipulación del mercado y las estafas es esencial para salvaguardar las inversiones y tomar decisiones informadas. En esta sección, exploraremos los tipos y técnicas de manipulación del mercado, las estafas comunes de criptomonedas, las señales de alerta a las que hay que prestar atención y las estrategias para protegerse contra la manipulación y las estafas. Al comprender esta dinámica, los inversores pueden navegar por el mercado de criptomonedas con más confianza y minimizar el riesgo de cometer fraude.

Los esquemas de pump and dump implican inflar artificialmente el precio de una criptomoneda a través de información falsa o engañosa, creando un frenesí de compra entre los inversores. Luego, los orquestadores del esquema venden sus tenencias en el pico, dejando a los inversores desprevenidos con pérdidas sustanciales cuando el precio colapsa. Estos esquemas a menudo se basan en tácticas de marketing agresivas, exageración en las redes sociales y difusión de noticias falsas para manipular el sentimiento del mercado.

El wash trading implica la compra y venta simultánea del mismo activo para crear la ilusión de un mayor volumen de operaciones y actividad en el mercado. Esta técnica puede inducir a error a los inversores haciéndoles creer que existe una demanda genuina del activo, lo que podría llevarlos a tomar decisiones de inversión desinformadas. El wash trading se emplea a menudo para inflar artificialmente la liquidez y la popularidad percibidas de una criptomoneda.

La suplantación de identidad y la estratificación implican la colocación de grandes órdenes de compra o venta para engañar a otros participantes del mercado. En la suplantación de identidad, los traders colocan órdenes que no tienen intención de ejecutar para crear una demanda o oferta artificial en el mercado. La estratificación consiste en colocar múltiples órdenes a diferentes niveles de precios para manipular la profundidad percibida del mercado. Estas técnicas pueden engañar a otros traders y crear falsas señales de mercado.

Los esquemas Ponzi y piramidales son esquemas de inversión fraudulentos que prometen altos rendimientos a los inversores, pero dependen de los fondos de nuevos inversores para pagar los rendimientos a los participantes existentes. Estos esquemas colapsan inevitablemente cuando el flujo de nuevos inversores se agota. Los esquemas Ponzi y piramidales basados en criptomonedas a menudo se comercializan como oportunidades de inversión con rendimientos garantizados o programas de alto rendimiento, atrayendo a personas desprevenidas a la estafa.

Las ICO falsas involucran proyectos fraudulentos o tokens que se hacen pasar por ICO legítimas. Los estafadores crean sitios web atractivos, documentos técnicos y campañas de marketing para atraer a los inversores a contribuir con fondos a la ICO. Una vez que se recolectan los fondos, los estafadores desaparecen, dejando a los inversores sin valor o sin tokens. Los inversores deben llevar a cabo una diligencia debida exhaustiva y verificar la legitimidad de los proyectos de ICO antes de participar.

El phishing y la piratería informática son técnicas utilizadas por los estafadores para obtener acceso no autorizado a las billeteras de criptomonedas o a la información personal de las personas. El phishing consiste en crear sitios web o correos electrónicos falsos que se asemejan a plataformas legítimas, engañar a los usuarios para que introduzcan sus credenciales de inicio de sesión o proporcionar información confidencial. La piratería implica el acceso no autorizado a las billeteras o intercambios de las personas para robar fondos. Los inversores deben tener precaución y emplear fuertes medidas de seguridad para proteger sus activos digitales.

Los estafadores a menudo atraen a los inversores con promesas de rendimientos irreales o ganancias garantizadas. Tales afirmaciones deben ser recibidas con escepticismo, ya que ninguna inversión puede garantizar rendimientos consistentes o astronómicos. Los inversores deben tener cuidado con los esquemas que parecen demasiado buenos para ser verdad e investigar a fondo la oportunidad de inversión antes de comprometer fondos.

Los proyectos e inversiones legítimos deben ser transparentes sobre su equipo, tecnología y cumplimiento normativo. Si existe la necesidad de información más clara y verificable, o si el proyecto evita la supervisión regulatoria, se levantan banderas rojas. Los inversores deben buscar proyectos que proporcionen información completa sobre su equipo, asociaciones, tecnología y cumplimiento legal.

Los estafadores a menudo crean una sensación de urgencia y presionan a los inversores para que tomen decisiones de inversión inmediatas sin llevar a cabo la debida diligencia. Pueden hacer hincapié en ofertas por tiempo limitado, oportunidades exclusivas o afirmaciones de aumento de precios para manipular a los inversores para que actúen impulsivamente. Los inversores deben tomarse su tiempo, investigar a fondo y buscar asesoramiento de fuentes fiables antes de tomar decisiones de inversión.

Antes de invertir en cualquier criptomoneda o proyecto, es esencial llevar a cabo una diligencia debida exhaustiva. Investigue al equipo detrás del proyecto, evalúe su experiencia y credibilidad, revise el documento técnico y la documentación técnica del proyecto, y verifique las asociaciones y el cumplimiento normativo. Examine la viabilidad del proyecto, las perspectivas a largo plazo y los casos de uso del mundo real para asegurarse de que se alinea con sus objetivos de inversión.

Mantenerse informado sobre los últimos desarrollos del mercado, las noticias y los cambios regulatorios es crucial para reconocer posibles estafas y manipulación del mercado. Siga fuentes de noticias de buena reputación, participe en comunidades y foros en línea, y participe en discusiones con otros inversores para obtener información y compartirla. La educación y la concienciación continuas ayudan a los inversores a adelantarse a las actividades fraudulentas.

Proteger los activos digitales de la piratería y el robo requiere el uso de billeteras e intercambios seguros. Elija intercambios de criptomonedas de buena reputación y bien establecidos con fuertes medidas de seguridad y un historial de protección de los fondos de los usuarios. Utilice billeteras de hardware o billeteras de software seguras con funciones de cifrado para salvaguardar las claves privadas y garantizar la seguridad de sus activos digitales.

Confía en tus instintos si una oportunidad o proyecto de inversión levanta sospechas o parece demasiado bueno para ser verdad. Si algo no te parece bien o si no estás seguro, busca el consejo de profesionales de confianza o consulta con inversores experimentados. Puede obtener conocimientos importantes y mejorar su toma de decisiones al obtener una segunda opinión.

Construir una red y Comprometerse con la Comunidad de Criptomonedas

En el mundo en constante evolución de las criptomonedas, construir una red y participar activamente en la comunidad de criptomonedas es vital para el crecimiento personal y el éxito de la inversión. La comunidad de criptomonedas es un rico ecosistema de individuos, expertos y entusiastas que contribuyen al desarrollo, la comprensión y la adopción de activos digitales. Esta sección explorará la importancia de construir una red, los beneficios de involucrarse con la comunidad de criptomonedas, las estrategias efectivas de creación de redes y cómo la participación de la comunidad puede mejorar las oportunidades de inversión y la adquisición de conocimientos. Los inversores pueden fomentar el crecimiento, obtener información valiosa y ampliar sus horizontes en este campo en rápida evolución participando activamente en la comunidad de criptomonedas.

La creación de una red dentro de la industria de las criptomonedas le da acceso a una variedad de perspectivas y conocimientos. Interactuar con personas de diferentes orígenes, incluidos desarrolladores, comerciantes, analistas y líderes de opinión, expone a los inversores a diversas ideas y conocimientos. Los inversores pueden comprender mejor las tendencias del mercado, los avances tecnológicos y las estrategias de inversión reuniéndose con profesionales del sector.

La creación de redes dentro de la comunidad de criptomonedas abre las puertas a la colaboración y las asociaciones. A través de la construcción de relaciones con personas de ideas afines, los inversores pueden encontrar colaboradores potenciales para proyectos de investigación, oportunidades de inversión o empresas comerciales. Los esfuerzos de colaboración pueden mejorar el intercambio de conocimientos, aprovechar las habilidades complementarias y contribuir al crecimiento colectivo dentro de la comunidad.

Una red sólida puede proporcionar un apoyo y una tutoría invaluables para los inversores que navegan por las complejidades del mercado de criptomonedas. Conectarse con personas experimentadas que hayan pasado por viajes de inversión similares puede ofrecer orientación, asesoramiento y una red de apoyo para intercambiar ideas. Las relaciones de tutoría fomentan el crecimiento personal, facilitan el desarrollo de habilidades y proporcionan un sistema de apoyo durante tiempos difíciles.

El compromiso activo con la comunidad de criptomonedas permite el aprendizaje continuo y la adquisición de conocimientos. Participar en foros en línea, asistir a conferencias, seminarios web y reuniones, y unirse a comunidades de redes sociales permite a los inversores mantenerse actualizados sobre las últimas tendencias, avances tecnológicos y cambios regulatorios. A través de la participación de la comunidad, los inversores pueden ampliar su comprensión del mercado de criptomonedas y afinar sus estrategias de inversión.

Ser parte de la comunidad de criptomonedas a menudo proporciona acceso temprano a información valiosa. Los miembros de la comunidad pueden compartir ideas, noticias y hallazgos de investigación antes de que estén ampliamente disponibles. Este acceso anticipado puede ser fundamental para identificar oportunidades de inversión emergentes, comprender la dinámica del mercado y tomar decisiones informadas antes que el mercado en general.

Comprometerse con la comunidad de criptomonedas ofrece oportunidades de creación de redes y colaboración que pueden conducir a asociaciones, empresas conjuntas y sinergias de inversión. Los inversores pueden conectarse con personas que comparten intereses y objetivos similares asistiendo a conferencias, reuniones y eventos de la industria. Estas conexiones pueden dar lugar a colaboraciones fructíferas, asociaciones comerciales e intercambio de ideas y experiencias.

La comunidad de criptomonedas es conocida por su activa cultura de diligencia debida. Comprometerse con la comunidad permite a los inversores aprovechar el conocimiento y las ideas colectivas de los miembros de la comunidad a la hora de evaluar las oportunidades de inversión. A través de discusiones entre pares, investigaciones compartidas y debates abiertos, los inversores pueden obtener una perspectiva más amplia y tomar decisiones de inversión más informadas.

Participar en comunidades y foros en línea dedicados a las criptomonedas y la tecnología cadena de bloques es una excelente manera de establecer contactos con personas de ideas afines. Plataformas como Reddit, Telegram, Discord y foros especializados en criptomonedas ofrecen oportunidades para conectarse, hacer preguntas, compartir experiencias y aprender de los miembros de la comunidad.

Las conferencias y reuniones ofrecen valiosas oportunidades de networking en las que los inversores pueden conocer cara a cara a expertos del sector, líderes de opinión y otros entusiastas. Estos eventos proporcionan un lugar para establecer contactos, compartir conocimientos y mantenerse al día con los desarrollos más recientes. Asistir a presentaciones, paneles de discusión y talleres puede mejorar aún más el conocimiento y fomentar nuevas conexiones.

Los grupos de Twitter, LinkedIn y Facebook son solo algunos de los ejemplos de los sitios de redes sociales que permiten a los inversores en criptomonedas interactuar con personas de todo el mundo. Al seguir a líderes de la industria, personas influyentes y proyectos de criptomonedas relevantes, los inversores pueden participar en discusiones, compartir ideas y conectarse con personas que se alinean con sus intereses y objetivos de inversión.

Contribuir a proyectos y comunidades de código abierto es una forma proactiva de interactuar con el ecosistema de las criptomonedas. Al participar activamente en el desarrollo, contribuir con código o proporcionar comentarios, los inversores pueden establecer su presencia en la comunidad y forjar conexiones con desarrolladores y otros colaboradores. Esta participación no solo mejora el conocimiento, sino que también muestra experiencia y dedicación.

El compromiso activo con la comunidad de criptomonedas puede proporcionar acceso a oportunidades de inversión en etapa inicial. Los miembros de la comunidad a menudo comparten información sobre proyectos prometedores, ventas de tokens y rondas de inversión antes de que se publiquen ampliamente. Al aprovechar estos conocimientos, los inversores pueden identificar posibles proyectos de alto crecimiento y participar en oportunidades de inversión en una etapa temprana.

La comunidad de criptomonedas es una valiosa fuente de información sobre el mercado y análisis de tendencias. Las discusiones y los análisis dentro de la comunidad pueden arrojar luz sobre el sentimiento del mercado, las tecnologías emergentes, los desarrollos regulatorios y las posibles tendencias de inversión. Los inversores pueden obtener una comprensión más completa del mercado y tomar mejores decisiones de inversión si se mantienen involucrados en la comunidad.

Interactuar con la comunidad de criptomonedas brinda la oportunidad de educación y tutoría continuas para los inversores. Los miembros experimentados de la comunidad a menudo comparten sus conocimientos, ideas y estrategias de inversión, guiando a los recién llegados y ayudándolos a navegar por las complejidades del mercado. Aprender de personas experimentadas puede acelerar la curva de aprendizaje y mejorar los resultados de la inversión.

CAPÍTULO XI

Tendencias Futuras en la Inversión en Criptomonedas

Las Finanzas Descentralizadas (DeFi) y su Impacto

Las finanzas descentralizadas (DeFi) se han convertido en un desarrollo revolucionario de las criptomonedas, que alteran los sistemas financieros tradicionales y ofrecen nuevas oportunidades a los inversores. DeFi utiliza la tecnología cadena de bloques y los contratos inteligentes para crear un ecosistema descentralizado de aplicaciones financieras, ofreciendo una gama de soluciones innovadoras como préstamos, préstamos, intercambios descentralizados y agricultura de rendimiento. Esta sección profundizará en el concepto de DeFi, sus características clave, su impacto en la inversión en criptomonedas y los posibles beneficios y riesgos asociados con este sector en rápida evolución. Al comprender DeFi y sus implicaciones, los inversores pueden desbloquear nuevas vías de crecimiento y participación en el panorama financiero descentralizado.

Las finanzas descentralizadas, o DeFi, se refieren al uso de la tecnología cadena de bloques y los contratos inteligentes para reconstruir los sistemas financieros tradicionales de manera descentralizada. Su objetivo es proporcionar servicios financieros accesibles que sean abiertos, sin restricciones y transparentes para todos los que tengan una conexión a Internet. Las aplicaciones DeFi se basan en plataformas cadena de bloques como Ethereum, aprovechando los contratos inteligentes para automatizar y ejecutar transacciones financieras sin intermediarios.

DeFi elimina la necesidad de intermediarios mediante el uso de contratos inteligentes y protocolos descentralizados. Esto garantiza que las transacciones sean transparentes y sin confianza, lo que reduce el riesgo de manipulación de la contraparte.

Las aplicaciones DeFi promueven la inclusión financiera porque están disponibles para cualquier persona con conexión a Internet. Los usuarios pueden participar en los protocolos DeFi y acceder a servicios financieros sin necesidad de permiso ni cumplir con estrictos criterios de elegibilidad.

Los protocolos DeFi pueden interactuar e integrarse entre sí, creando un ecosistema cohesivo en el que los usuarios pueden transferir fácilmente activos y datos entre diferentes aplicaciones. Esta interoperabilidad mejora la liquidez y amplía la gama de servicios financieros disponibles.

Los contratos inteligentes permiten automatizar las transacciones financieras y llevar a cabo condiciones predefinidas. Esta programabilidad permite la creación de instrumentos financieros sofisticados, protocolos de préstamo e intercambios descentralizados.

DeFi puede proporcionar servicios financieros a poblaciones no bancarizadas o subbancarizadas en todo el mundo. Las personas pueden acceder a préstamos sin verificaciones de crédito tradicionales, requisitos de garantía o dependencia de instituciones financieras centralizadas a través de plataformas de préstamos descentralizadas. Esto amplía el acceso al crédito y abre oportunidades de inversión para personas que antes estaban excluidas del sistema financiero tradicional.

Los exchanges descentralizados (DEX) han sido desarrollados por protocolos DeFi, lo que permite a los usuarios intercambiar criptomonedas directamente desde sus billeteras. Estos DEX ofrecen una mayor liquidez, transparencia y seguridad en comparación con los exchanges centralizados tradicionales. Los pools de liquidez y los creadores de mercado automatizados permiten a los usuarios proporcionar liquidez y obtener rendimientos a través de programas de yield farming o minería de liquidez.

DeFi presenta formas novedosas de generar rendimiento en criptomonedas a través de conceptos como la minería de liquidez, el staking y los préstamos. Los inversores pueden ganar intereses o recompensas prestando sus criptoactivos a los protocolos DeFi o proporcionando liquidez a los exchanges descentralizados. Estas oportunidades de ingresos pasivos proporcionan una alternativa a las cuentas de ahorro tradicionales y a los vehículos de inversión, ofreciendo mayores rendimientos.

A través de la tecnología cadena de bloques, DeFi permite la tokenización de activos del mundo real, como bienes raíces, arte o materias primas. Esto permite a los inversores obtener una propiedad fraccionada de activos tradicionalmente ilíquidos y acceder a nuevas oportunidades de inversión. Los activos tokenizados se pueden negociar en plataformas descentralizadas, lo que aumenta la eficiencia del mercado y reduce las barreras de entrada para los inversores.

DeFi empodera a los usuarios al eliminar la necesidad de intermediarios y permitir la autocustodia de activos. Los usuarios tienen plena propiedad y control sobre sus fondos, lo que reduce la dependencia de las instituciones centralizadas.

Las transacciones DeFi se registran en la cadena de bloques, lo que proporciona transparencia y verificabilidad. Los usuarios pueden auditar contratos inteligentes y verificar la integridad de los protocolos con los que interactúan.

DeFi permite la creación de estrategias de inversión personalizadas a través de contratos inteligentes. Los inversores pueden automatizar las estrategias de negociación, préstamos o yield farming, lo que permite enfoques de inversión más eficientes y personalizados.

La naturaleza descentralizada de las plataformas DeFi, junto con la alta demanda de liquidez y oportunidades de agricultura de rendimiento, puede resultar en mayores rendimientos que los instrumentos financieros tradicionales.

Los contratos inteligentes no son inmunes a los errores o vulnerabilidades que los atacantes pueden explotar. Las auditorías exhaustivas y la diligencia debida son esenciales antes de interactuar con los protocolos DeFi.

La inversión en DeFi está sujeta a una volatilidad significativa del mercado, ya que los precios de las criptomonedas y los tokens DeFi pueden fluctuar drásticamente. Los inversores deben estar preparados para posibles pérdidas y comprender los riesgos asociados a la volatilidad del mercado.

El panorama regulatorio de DeFi aún está evolucionando y es necesario que haya más certeza con respecto al cumplimiento y los marcos legales. Los inversores deben mantenerse informados sobre los desarrollos regulatorios y evaluar los riesgos asociados con los posibles cambios.

DeFi ha visto casos de estafas, tirones de alfombra y violaciones de seguridad. Los inversores deben ser cautelosos, realizar una investigación exhaustiva y desconfiar de proyectos u ofertas sospechosas que prometen rendimientos poco realistas.

Los inversores deben esforzarse por informarse sobre los conceptos, protocolos y riesgos potenciales de DeFi. Comprender los fundamentos y mantenerse actualizado sobre los desarrollos de la industria es crucial para tomar decisiones de inversión informadas.

Investigue a fondo los protocolos DeFi antes de participar. Evalúe la experiencia del equipo, la documentación técnica del proyecto, las auditorías y la reputación de la comunidad. Busque transparencia, participación de la comunidad y un historial sólido.

Asigne inversiones de manera adecuada y diversifique en diferentes protocolos y activos DeFi para mitigar el riesgo. Establezca objetivos de inversión específicos, evalúe la tolerancia al riesgo y utilice técnicas de gestión de riesgos, incluidas las órdenes de stop-loss y el reequilibrio de la cartera.

Proteja los activos digitales mediante el uso de billeteras seguras, habilitando la autenticación de dos factores y teniendo precaución al interactuar con plataformas desconocidas o sospechosas. Esté atento a los intentos de phishing, proteja las claves privadas y utilice únicamente plataformas DeFi de buena reputación.

Tokens no Fungibles (NFT) y Coleccionables Digitales

El desarrollo de los tokens no fungibles (NFT), que han revolucionado la propiedad digital y han producido nuevas opciones de inversión, ha sido un avance clave en el campo de las criptomonedas. En las redes cadena de bloques, los NFT representan activos digitales distintivos que se pueden comprar, vender e intercambiar. Estos tokens han ganado popularidad en forma de coleccionables digitales, obras de arte, bienes raíces virtuales y más. En esta sección, exploraremos el concepto de NFT, sus características clave, su impacto en la inversión en criptomonedas y los posibles beneficios y riesgos asociados con este sector de rápido crecimiento. Al comprender los NFT y sus implicaciones, los inversores pueden navegar por este emocionante espacio y participar en el mercado de coleccionables digitales.

Los tokens no fungibles (NFT) son tokens basados en cadena de bloques que representan la propiedad o la prueba de autenticidad de un activo digital único. A diferencia de las criptomonedas como Bitcoin o Ethereum, que son fungibles e intercambiables, cada NFT tiene un valor distinto y no se puede intercambiar uno a uno. Los NFT se crean, compran y venden en plataformas cadena de bloques mediante contratos inteligentes, que garantizan la transparencia y la inmutabilidad de los registros de propiedad.

Cada NFT es único y tiene características distintas que lo diferencian de otros tokens. Esta singularidad es verificable en la cadena de bloques, lo que proporciona una prueba de propiedad y autenticidad.

Los NFT no se pueden dividir ni dividir en unidades más pequeñas. Existen como un todo, representando todo el activo digital. Esta indivisibilidad mejora la rareza y la naturaleza coleccionable de los NFT.

Los NFT proporcionan una propiedad verificable y una prueba de autenticidad de los activos digitales. La cadena de bloques registra el historial de transacciones, lo que garantiza la transparencia y evita la duplicación fraudulenta o la alteración de los activos.

Los NFT pueden transferirse y comercializarse a través de diferentes plataformas de cadena de bloques, lo que permite la interoperabilidad y amplía el mercado de coleccionables digitales.

Los NFT han ganado una tracción significativa en el ámbito de los coleccionables y las obras de arte digitales. Los artistas y creadores pueden tokenizar sus creaciones digitales como NFT, lo que permite derechos de propiedad y oportunidades de monetización. Los inversores pueden participar en el mercado comprando e intercambiando coleccionables digitales, incluidas tarjetas coleccionables virtuales, bienes raíces virtuales, artículos de moda virtuales y más. La escasez y singularidad de estos activos digitales contribuyen a su valor y potencial de inversión.

Uno de los aspectos únicos de los NFT es la capacidad de programar regalías en contratos inteligentes. Los artistas y creadores pueden ganar regalías cada vez que su NFT se revende en mercados secundarios. Esta función permite a los artistas beneficiarse de la apreciación de su trabajo y crea flujos de ingresos continuos. Los inversores también pueden participar en el mercado de reventa, beneficiándose del aumento del valor de los NFT a lo largo del tiempo.

Los NFT pueden tokenizar activos del mundo real, como bienes inmuebles, artículos coleccionables o derechos de propiedad intelectual. La tokenización de estos activos en la cadena de bloques permite una mayor liquidez, propiedad fraccionada y nuevas oportunidades de inversión. Los inversores pueden obtener exposición a activos tradicionalmente ilíquidos y participar en su revalorización.

Los NFT han encontrado aplicaciones en la industria del juego y en los mundos virtuales, lo que permite a los jugadores poseer e intercambiar activos del juego como NFT. Esto crea un mercado vibrante donde los jugadores pueden comprar, vender e intercambiar artículos virtuales, personajes y tierras. Los NFT proporcionan propiedad y escasez verificables, mejorando la experiencia de juego y abriendo oportunidades de inversión dentro del ecosistema de juego.

Los NFT proporcionan una propiedad verificable y una prueba de autenticidad de los activos digitales. Los inversores pueden confiar en la legitimidad y singularidad de sus activos adquiridos.

Los NFT ofrecen nuevas vías de inversión más allá de las clases de activos tradicionales. Los coleccionables y las obras de arte digitales pueden revalorizarse con el tiempo, lo que puede generar importantes beneficios para los primeros usuarios.

Los NFT han creado un mercado más accesible para que los artistas y creadores moneticen su trabajo. Los inversores pueden apoyar a sus artistas favoritos y participar en el mundo del arte sin las barreras tradicionales de entrada.

Los NFT se pueden programar con varias características, incluidas las regalías, el desbloqueo de contenido adicional o la concesión de acceso a eventos o experiencias exclusivas. Estas características programables agregan valor y mejoran el potencial de inversión de los NFT.

El valor de los NFT puede estar sujeto a fluctuaciones significativas, similares a las de otras criptomonedas. Los inversores deben conocer el potencial de volatilidad de los precios y tomar decisiones de inversión informadas.

El mercado de NFT es todavía relativamente nuevo y carece de marcos regulatorios y estandarización. Esto puede generar incertidumbres con respecto a los derechos de propiedad, la propiedad intelectual y la resolución de disputas.

Los NFT se basan principalmente en plataformas cadena de bloques como Ethereum, que pueden enfrentarse a retos de escalabilidad y consumir importantes recursos energéticos. Los inversores deben tener en cuenta el impacto medioambiental y las limitaciones de escalabilidad de la infraestructura cadena de bloques subyacente.

La naturaleza en desarrollo del mercado de NFT ha visto casos de falsificación, fraude y disputas de propiedad intelectual. Los inversores deben tener cuidado, realizar la debida diligencia y verificar la autenticidad de los NFT antes de realizar compras.

Investigue a fondo y comprenda el coleccionable digital o la obra de arte antes de realizar una inversión. Ten en cuenta factores como la reputación del artista, la escasez del activo, la demanda del mercado y el potencial de revalorización futura.

Elija plataformas confiables y de buena reputación para comprar, vender y almacenar NFT. Tenga en cuenta factores como la seguridad de la plataforma, la experiencia del usuario, las tarifas de transacción y la participación de la comunidad.

Diversifique sus inversiones en NFT para gestionar el riesgo. Considere la posibilidad de invertir en varios coleccionables digitales, obras de arte u otras categorías de NFT para repartir la exposición entre diferentes activos.

La inversión en NFT debe abordarse con una perspectiva a largo plazo, teniendo en cuenta la posibilidad de que el valor del activo se aprecie con el tiempo. Es esencial evaluar la importancia artística o cultural del activo y su potencial longevidad dentro del mercado de coleccionables digitales.

Monedas Digitales de Bancos Centrales (CBDC)

Un avance notable en el mundo de las criptomonedas y las monedas digitales es la aparición de las monedas digitales de los bancos centrales (CBDC). Las CBDC representan formas digitales de moneda fiduciaria emitidas y controladas por los bancos centrales.

Estas monedas digitales tienen como objetivo combinar los beneficios de las monedas fiduciarias tradicionales con las ventajas de la tecnología cadena de bloques, brindando mayor seguridad, eficiencia e inclusión financiera. En esta sección, exploraremos el concepto de CBDC, sus características clave, su impacto en la inversión en criptomonedas y los posibles beneficios y riesgos de este panorama en evolución. Al comprender las CBDC y sus implicaciones, los inversores pueden navegar por este campo emergente y evaluar las oportunidades y desafíos potenciales en la inversión en criptomonedas.

Las monedas digitales de los bancos centrales (CBDC) son representaciones digitales de la moneda fiduciaria de un país emitidas y reguladas por el banco central. A diferencia de las criptomonedas como Bitcoin o Ethereum, que están descentralizadas y operan independientemente de los sistemas financieros tradicionales, las CBDC están centralizadas y mantienen una relación directa con el banco central. Las CBDC tienen como objetivo aprovechar la tecnología cadena de bloques o de contabilidad distribuida para mejorar la eficiencia, la transparencia y la seguridad de las monedas fiduciarias tradicionales.

Las CBDC minoristas están diseñadas para el uso del público en general, proporcionando a las personas y también a las empresas acceso directo al dinero digital del banco central. Los usuarios pueden tener CBDC en billeteras digitales y realizar transacciones con instituciones financieras autorizadas, comerciantes u otros usuarios.

Las CBDC mayoristas están diseñadas para instituciones financieras y facilitan las transacciones interbancarias, los procesos de liquidación y compensación. Estas CBDC permiten transferencias interbancarias más rápidas, eficientes y seguras, mejorando la estabilidad y la resiliencia generales del sistema financiero.

Las CBDC cierran la brecha entre las finanzas tradicionales y las criptomonedas al proporcionar una representación digital de la moneda fiduciaria. Esta integración abre nuevas oportunidades para los inversores en criptomonedas, ya que las CBDC pueden permitir una conversión fluida entre las monedas digitales y las monedas fiduciarias tradicionales. También mejora la interoperabilidad y la liquidez de las criptomonedas al facilitar las interacciones directas entre las CBDC y los exchanges descentralizados.

Las CBDC aprovechan la tecnología cadena de bloques o de contabilidad distribuida, mejorando la eficiencia y la seguridad de las transacciones financieras. Los protocolos criptográficos garantizan la integridad e inmutabilidad de los registros de transacciones, lo que reduce el riesgo de fraude, falsificación de moneda y doble gasto. El aumento de la seguridad y la eficiencia puede beneficiar a los inversores en criptomonedas al proporcionar una infraestructura financiera más fiable y transparente.

Las CBDC pueden mejorar la inclusión financiera al proporcionar a las personas acceso a servicios financieros básicos, incluso sin una cuenta bancaria tradicional. Las CBDC se pueden almacenar en billeteras digitales, lo que permite a las personas realizar pagos, enviar y recibir dinero y acceder a servicios financieros mediante el uso de sus teléfonos móviles. Esta mayor accesibilidad puede abrir oportunidades de inversión y permitir una mayor participación en la economía digital.

Las CBDC ofrecen a los bancos centrales un mayor control y supervisión sobre el sistema monetario. Con las CBDC, los bancos centrales pueden supervisar y regular las transacciones financieras de forma más eficaz, garantizando el cumplimiento de las normativas contra el blanqueo de capitales (AML) y de conocimiento del cliente (KYC). Esta mayor supervisión regulatoria puede contribuir a la estabilidad del mercado y a la confianza de los inversores en las criptomonedas.

Las CBDC están respaldadas por los bancos centrales y mantienen la estabilidad y la familiaridad de las monedas fiduciarias tradicionales. Esto puede proporcionar a los inversores una sensación de seguridad y reducir las preocupaciones sobre la volatilidad que a menudo se asocia con las criptomonedas.

Las CBDC facilitan transacciones financieras más rápidas y eficientes, lo que permite liquidaciones casi instantáneas y reduce los costos de transacción. Esta eficiencia puede beneficiar a los inversores al mejorar la liquidez y permitir una ejecución más rápida de las estrategias de inversión.

Las CBDC eliminan o reducen la necesidad de intermediarios en las transacciones financieras, reduciendo el riesgo de contraparte. Los inversores pueden realizar transacciones directamente con el banco central, lo que mejora la seguridad y la fiabilidad de sus transacciones.

Las CBDC tienen el potencial de promover la inclusión financiera al ofrecer acceso a servicios financieros básicos para personas que pueden estar desatendidas por el sistema bancario tradicional. Esto abre oportunidades de inversión para una población más amplia.

Las CBDC plantean preocupaciones sobre la privacidad y la seguridad de los datos, ya que los bancos centrales u otras autoridades reguladoras pueden rastrear y monitorear las transacciones. Los inversores deben considerar las implicaciones de una mayor vigilancia y el posible compromiso de su privacidad financiera.

La introducción de las CBDC puede perturbar el sistema bancario tradicional, afectando a la rentabilidad y a las operaciones de los bancos comerciales. Los inversores deben ser conscientes de los posibles cambios en el panorama financiero y del impacto en las instituciones financieras existentes.

La implementación de CBDC a gran escala requiere una infraestructura tecnológica sólida y medidas de ciberseguridad. Si no se abordan los desafíos tecnológicos y las vulnerabilidades de seguridad, podría socavar la fiabilidad y la adopción de las CBDC.

El entorno regulatorio que rodea a las CBDC sigue evolucionando y existe incertidumbre con respecto a los requisitos de cumplimiento, la fiscalidad y las transacciones transfronterizas. Los inversores deben seguir de cerca la evolución de la normativa y garantizar el cumplimiento de las leyes y reglamentos aplicables.

Manténgase actualizado sobre el progreso y la evolución de las iniciativas de CBDC por parte de los bancos centrales de todo el mundo. Comprender las características, los beneficios y los riesgos potenciales asociados con las diferentes implementaciones de CBDC.

Diversifique las carteras de inversión para incluir una combinación de activos tradicionales, criptomonedas y, potencialmente, CBDC. Considere el perfil de riesgo-recompensa de las CBDC en relación con otras opciones de inversión y alinee las inversiones con los objetivos financieros personales y la tolerancia al riesgo.

Evaluar las capacidades tecnológicas y la infraestructura que respaldan las CBDC. Evaluar factores como la velocidad de las transacciones, las medidas de seguridad, la escalabilidad y la experiencia del usuario para determinar la eficiencia y la idoneidad de las plataformas de CBDC con fines de inversión.

Manténgase informado sobre los marcos regulatorios y los requisitos de cumplimiento asociados con las CBDC. Garantizar el cumplimiento de las regulaciones relevantes, las obligaciones fiscales y las protecciones para los inversores en las jurisdicciones donde se realizan las inversiones en CBDC.

Tecnologías Emergentes y Oportunidades

La inversión en criptomonedas evoluciona continuamente, impulsada por tecnologías emergentes que remodelan el panorama y crean nuevas oportunidades de inversión. Esta sección explorará las tecnologías emergentes clave en la inversión en criptomonedas, incluidas las finanzas descentralizadas (DeFi), la interoperabilidad de cadena de bloques, las soluciones de capa 2 y la inteligencia artificial (IA). Exploraremos los beneficios y riesgos potenciales de estas tecnologías y discutiremos cómo los inversores pueden aprovecharlas para mejorar sus estrategias de inversión en criptomonedas. Los inversores pueden mantenerse a la vanguardia y aprovechar las oportunidades de desarrollo en el sector de las criptomonedas al conocer estas tecnologías innovadoras.

Las finanzas descentralizadas (DeFi) se han convertido en una fuerza transformadora en la industria de las criptomonedas. Se refiere al uso de la tecnología cadena de bloques y los contratos inteligentes para recrear los sistemas financieros tradicionales de manera descentralizada. Las aplicaciones DeFi proporcionan una serie de servicios financieros, como préstamos y empréstitos, exchanges descentralizados, yield farming y provisión de liquidez.

Las finanzas descentralizadas (DeFi) han revolucionado la forma en que las personas interactúan con los servicios financieros. Al eliminar la necesidad de intermediarios, las plataformas DeFi brindan acceso abierto a servicios financieros a personas de todo el mundo, independientemente de su ubicación o antecedentes. Esta accesibilidad permite a las personas participar en el sistema financiero mundial y acceder a servicios financieros que antes les resultaban inaccesibles.

Uno de los beneficios clave de DeFi es la oportunidad de obtener rendimiento de las tenencias de criptomonedas. Los protocolos DeFi permiten a los usuarios prestar sus activos y ganar intereses, tomar prestados activos mediante la garantía de sus tenencias, proporcionar liquidez a los exchanges descentralizados y participar en estrategias de yield farming para maximizar sus rendimientos. Estas oportunidades de rendimiento atraen a inversores que buscan formas alternativas de generar ingresos y hacer crecer sus carteras de criptomonedas.

Si bien DeFi ofrece posibilidades emocionantes, no está exenta de riesgos y desafíos. Las vulnerabilidades de los contratos inteligentes pueden exponer a los usuarios a la piratería o la explotación, lo que enfatiza la importancia de realizar la debida diligencia y elegir protocolos DeFi de buena reputación. Además, la volatilidad de los activos DeFi puede afectar a los rendimientos de las inversiones, y la evolución del panorama normativo presenta incertidumbres que los inversores deben vigilar.

La interoperabilidad de cadena de bloques permite que las diferentes redes de cadena de bloques se comuniquen e interactúen entre sí sin problemas. Las soluciones de interoperabilidad permiten la transferencia de activos y datos a través de múltiples redes cadena de bloques, lo que mejora la liquidez, la eficiencia y la escalabilidad.

La interoperabilidad de la cadena de bloques desempeña un papel crucial a la hora de abordar las limitaciones de las redes individuales de la cadena de bloques. La interoperabilidad aumenta la liquidez y la profundidad del mercado al permitir la transferencia de activos entre varias cadenas de bloques, lo que brinda a los inversores acceso a una variedad más amplia de activos y oportunidades comerciales. Además, las soluciones de interoperabilidad mejoran la velocidad de las transacciones y reducen los costes, mejorando la escalabilidad y la usabilidad general de las criptomonedas.

Sin embargo, la interoperabilidad de la cadena de bloques también presenta nuevos desafíos. Los riesgos de seguridad surgen de la integración de múltiples redes cadena de bloques, y lograr el consenso y la gobernanza entre diferentes redes puede ser complejo. Los inversores deben evaluar las medidas de seguridad implementadas en los protocolos de interoperabilidad y evaluar la viabilidad a largo plazo de estas soluciones.

Las soluciones de capa 2 tienen como objetivo superar las limitaciones de escalabilidad de las redes cadena de bloques mediante la construcción de capas adicionales sobre las cadena de bloquess existentes. Estas soluciones permiten transacciones más rápidas y baratas, al tiempo que mantienen la seguridad y la descentralización de la cadena de bloques subyacente.

Las soluciones de capa 2 ofrecen importantes beneficios a los inversores en criptomonedas. Al procesar transacciones fuera de la cadena o a través de cadenas laterales, las soluciones de capa 2 alivian la congestión en la red principal de cadena de bloques, mejorando la velocidad de las transacciones y reduciendo las tarifas. Esto mejora la experiencia del usuario y abre oportunidades para los micropagos, las aplicaciones descentralizadas (dApps) y el comercio de alta frecuencia.

La rentabilidad es otra ventaja de las soluciones de capa 2. Al procesar una gran cantidad de transacciones fuera de la cadena, las soluciones de capa 2 reducen los costos de transacción, lo que hace que las transacciones de criptomonedas sean más asequibles y atractivas para los inversores.

Sin embargo, las soluciones de capa 2 tienen sus propios riesgos y desafíos. Las consideraciones de seguridad surgen debido a la introducción de capas adicionales y a la dependencia de diferentes mecanismos de consenso. La adopción y los efectos de red también juegan un papel crucial en el éxito de las soluciones de capa 2, ya que la adopción generalizada es necesaria para desarrollar todo su potencial.

Las tecnologías de Inteligencia Artificial (IA) se utilizan cada vez más en la inversión en criptomonedas para mejorar la toma de decisiones, automatizar las estrategias comerciales y analizar las tendencias del mercado. Los algoritmos de IA procesan grandes cantidades de datos, identifican patrones y generan información para informar las decisiones de inversión.

La IA aporta varios beneficios a los inversores en criptomonedas. Al analizar los datos del mercado y reconocer patrones, los algoritmos de IA permiten la toma de decisiones basada en datos y mejoran la precisión de las estrategias de inversión. La gestión de riesgos se mejora mediante la identificación de riesgos potenciales y la predicción de los movimientos del mercado. Además, los bots de trading impulsados por IA automatizan las estrategias de trading, minimizan los errores humanos y aprovechan las oportunidades del mercado.

Sin embargo, existen riesgos y desafíos asociados con la IA en la inversión en criptomonedas. La calidad y el sesgo de los datos pueden afectar a la precisión de los modelos de IA, y la volatilidad y complejidad de los mercados de criptomonedas plantean retos para los algoritmos de IA. Las estrategias de supervisión humana y gestión de riesgos deben complementar las herramientas de IA para mitigar los riesgos potenciales.

Conclusión

Resumen de los Puntos Clave

A lo largo de este libro electrónico, hemos explorado varios aspectos de la inversión en criptomonedas, que van desde conceptos fundamentales hasta estrategias avanzadas. Al concluir esta guía completa, es esencial recapitular los puntos clave para garantizar una comprensión sólida de los temas discutidos. Al resumir los principales puntos cubiertos, los inversores pueden reforzar sus conocimientos y aplicar estos conocimientos a su viaje de inversión en criptomonedas. En esta sección, recapitularemos los puntos clave, haciendo hincapié en los principios, estrategias y consideraciones fundamentales que son vitales para el éxito de la inversión en criptomonedas.

I. Entendiendo las criptomonedas

La tecnología criptográfica es utilizada por las criptomonedas, que son activos digitales, para asegurar transacciones, regular la creación de nuevas unidades y confirmar transferencias de activos.

Bitcoin, la primera y más conocida criptomoneda, allanó el camino para el desarrollo de numerosas criptomonedas alternativas, a menudo denominadas altcoins.

La tecnología cadena de bloques es la base de las criptomonedas, ya que proporciona transparencia, seguridad y descentralización.

II. Estrategias y consideraciones de inversión

Establezca objetivos de inversión claros y determine su tolerancia al riesgo antes de entrar en el mercado de las criptomonedas.

La diversificación es una estrategia crucial de gestión de riesgos que implica invertir en varias criptomonedas y otras clases de activos.

Las estrategias de inversión a largo y corto plazo tienen diferentes objetivos y horizontes temporales. Los inversores a largo plazo tienen como objetivo mantener activos durante un período prolongado para capitalizar el crecimiento potencial, mientras que los operadores a corto plazo aprovechan las fluctuaciones de precios para obtener ganancias rápidas.

Independientemente de la cantidad de dinero que se invierta en criptomonedas de forma regular, el promedio del costo en dólares (DCA) es una técnica de inversión disciplinada. Esta estrategia ayuda a reducir el impacto de la volatilidad del mercado y permite a los inversores acumular activos a lo largo del tiempo.

Cronometrar el mercado y predecir los movimientos de precios a corto plazo es un reto y, a menudo, poco fiable. Los inversores deben centrarse en las tendencias y los fundamentos a largo plazo en lugar de en las fluctuaciones de precios a corto plazo.

III. Análisis Fundamental

El análisis fundamental implica evaluar el valor intrínseco de las criptomonedas en función de factores como la tecnología del proyecto, el equipo de desarrollo, el caso de uso, la demanda del mercado y la competencia.

Leer y analizar los documentos técnicos, que describen los objetivos, la tecnología y la hoja de ruta del proyecto, es crucial para comprender el potencial de una inversión en criptomonedas.

IV. Análisis Técnico

El análisis técnico implica el análisis de datos históricos de precios, patrones gráficos e indicadores técnicos para predecir futuros movimientos de precios y tomar decisiones comerciales informadas.

El análisis de tendencias ayuda a identificar la dirección y la fuerza de los movimientos de precios, mientras que los patrones gráficos proporcionan información sobre posibles cambios o continuaciones de tendencias.

Los indicadores técnicos, como el índice de fuerza relativa, las medias móviles y las bandas de Bollinger, ayudan a los traders a identificar las tendencias del mercado, las condiciones de sobrecompra o sobreventa y los posibles puntos de entrada o salida.

V. Gestión de riesgos

La implementación de estrategias efectivas de gestión de riesgos es esencial para mitigar las pérdidas potenciales en la inversión en criptomonedas.

El dimensionamiento de la posición, el establecimiento de órdenes de stop-loss y el establecimiento de una relación riesgo-recompensa son técnicas fundamentales de gestión de riesgos.

VI. Evaluación de exchanges y billeteras

Elegir un exchange de criptomonedas confiable es crucial para operar e invertir de manera segura. Los factores a tener en cuenta son las medidas de seguridad, la reputación, el volumen de operaciones, las criptomonedas disponibles y la experiencia del usuario.

Los diferentes tipos de billeteras, como las de hardware, software y de papel, ofrecen diferentes niveles de seguridad y conveniencia para almacenar criptomonedas.

VII. Mantenerse informado

Mantenerse actualizado con las últimas noticias, las tendencias del mercado y los desarrollos regulatorios es vital para tomar decisiones de inversión informadas.

Interactuar con la comunidad de criptomonedas, participar en foros y asistir a eventos de la industria puede proporcionar información valiosa y oportunidades de establecer contactos.

VIII. Consideraciones legales y reglamentarias

Las regulaciones de las criptomonedas varían según las diferentes jurisdicciones. Los inversores deben conocer las implicaciones legales y fiscales de la inversión en criptomonedas en sus respectivos países.

El cumplimiento de las normas de Conozca a su cliente y de la lucha contra el blanqueo de capitales es necesario cuando se utilizan intercambios de criptomonedas y se participa en ofertas iniciales de monedas (ICO) o ventas de tokens.

La inversión en criptomonedas es un campo dinámico y en rápida evolución que ofrece numerosas oportunidades y desafíos. Al recapitular los puntos clave cubiertos en este libro electrónico, los inversores pueden solidificar su comprensión de los principios, estrategias y consideraciones fundamentales esenciales para una inversión exitosa en criptomonedas. Comprender los fundamentos de las criptomonedas, emplear estrategias de inversión sólidas, realizar una investigación exhaustiva, implementar técnicas de gestión de riesgos y mantenerse informado sobre las tendencias y regulaciones del mercado son elementos cruciales de un enfoque integral de la inversión en criptomonedas. A medida que evoluciona el mercado de las criptomonedas, los inversores deben adaptar sus conocimientos y estrategias en consecuencia, priorizando la investigación diligente, la toma de decisiones prudente y la gestión responsable del riesgo.

Estímulo para una mayor exploración y aprendizaje

La inversión en criptomonedas es un campo dinámico y en constante evolución que ofrece interesantes oportunidades para los inversores. Al concluir su exploración de esta guía completa, es esencial reconocer que hay mucho más que aprender y explorar en el mundo de las criptomonedas. Al ampliar continuamente sus conocimientos y mantenerse informado sobre los últimos desarrollos, puede mejorar su comprensión, refinar sus estrategias y navegar por el panorama de las criptomonedas en constante cambio de manera más efectiva. Esta sección fomentará una mayor exploración y aprendizaje en la inversión en criptomonedas, destacando la importancia de la educación continua, mantener la curiosidad y abrazar el espíritu de innovación.

I. Adopte el aprendizaje a lo largo de toda la vida

La tecnología de las criptomonedas y el mercado están en constante evolución. Adoptar una mentalidad de aprendizaje permanente es esencial para mantenerse a la vanguardia y adaptarse a los nuevos desarrollos.

Amplíe continuamente sus conocimientos a través de la lectura de libros, artículos, trabajos de investigación y recursos en línea de buena reputación. Interactúe con plataformas educativas, podcasts y seminarios web para obtener información de expertos de la industria.

Explora diferentes perspectivas y opiniones para desarrollar una comprensión completa del panorama de las criptomonedas. Participe en foros, interactúe con la comunidad de criptomonedas y asista a conferencias o reuniones para intercambiar ideas y aprender de los demás.

II. Profundizar en la comprensión técnica

Profundiza en los aspectos técnicos de las criptomonedas, como la tecnología cadena de bloques, los mecanismos de consenso y la criptografía. Comprender la tecnología subyacente le permitirá evaluar los proyectos de manera más efectiva y tomar decisiones de inversión informadas.

Estudie los documentos técnicos y la documentación técnica para obtener información sobre las innovaciones tecnológicas y el potencial de las diferentes criptomonedas. Esto te ayudará a diferenciar entre los proyectos con fundamentos sólidos y los que necesitan más sustancia.

III. Explora las tecnologías emergentes

Manténgase informado sobre las tecnologías emergentes que afectan al espacio de las criptomonedas, como las finanzas descentralizadas (DeFi), la inteligencia artificial, el Internet de las cosas y la interoperabilidad de la cadena de bloques. Estas tecnologías tienen el potencial de remodelar la industria y presentar nuevas oportunidades de inversión.

Explora la intersección de las criptomonedas con otros sectores emergentes, como las energías renovables, la sanidad, la gestión de la cadena de suministro y los juegos. Comprender cómo se integran las criptomonedas con estas industrias puede abrir vías de inversión únicas.

IV. Estudiar las tendencias y el análisis del mercado

Profundice en las tendencias del mercado y las técnicas de análisis. Conozca los indicadores técnicos avanzados, los patrones gráficos y los modelos estadísticos para comprender mejor los movimientos de precios y el comportamiento del mercado.

Analice los ciclos del mercado y los datos históricos para encontrar patrones y tendencias que puedan guiar sus decisiones de inversión. Desarrollar la capacidad de reconocer los cambios en el sentimiento del mercado y anticipar posibles oportunidades o riesgos.

V. Considere los desarrollos regulatorios

Manténgase actualizado sobre los desarrollos regulatorios y los requisitos de cumplimiento en el espacio de las criptomonedas. Los gobiernos y los organismos reguladores se están adaptando continuamente a esta industria en evolución, lo que puede afectar el entorno legal y regulatorio para la inversión en criptomonedas.

Comprenda las implicaciones de los cambios regulatorios en la adopción de criptomonedas, el sentimiento del mercado y las estrategias de inversión. El cumplimiento de las regulaciones es crucial para la viabilidad y estabilidad a largo plazo del ecosistema de criptomonedas.

VI. Interactúa con la comunidad de criptomonedas

Interactúe activamente con la comunidad de criptomonedas a través de foros, plataformas de redes sociales y comunidades en línea dedicadas. Participe en discusiones, haga preguntas y comparta sus conocimientos y experiencias.

Conéctese con profesionales de la industria, desarrolladores, empresarios e inversionistas. Únase a reuniones locales, asista a conferencias y busque oportunidades de colaboración e intercambio de conocimientos. La creación de una red puede proporcionar información valiosa y oportunidades de crecimiento.

VII. Practique la inversión responsable

Perfeccione continuamente sus estrategias de gestión de riesgos. Evalúe y ajuste la asignación de su cartera, el tamaño de la posición y los niveles de stop-loss en función de las condiciones cambiantes del mercado y su tolerancia al riesgo.

Mantenga la disciplina y absténgase de tomar decisiones impulsivas basadas en cambios momentáneos del mercado o reacciones emocionales. Cíñete a tu plan de inversión y evita sucumbir al miedo o la codicia.

Al concluir esta exploración de la inversión en criptomonedas, es esencial recordar que el viaje está en curso. Fomentar una mayor exploración y aprendizaje en criptomonedas es crucial para mantenerse a la vanguardia de esta industria dinámica. Adopte una mentalidad de aprendizaje permanente, profundice su comprensión técnica, explore tecnologías emergentes, estudie las tendencias del mercado y participe en la comunidad de criptomonedas. Al ampliar continuamente sus conocimientos, refinar sus estrategias y adaptarse al panorama en evolución, puede posicionarse para el éxito en la inversión en criptomonedas.

Recuerde, el mercado de las criptomonedas se caracteriza por la innovación y el cambio rápido. A medida que se embarca en una mayor exploración, mantenga un sentido de curiosidad y adopte el espíritu de innovación. Al mantenerse informado, conectarse con la comunidad y buscar activamente nuevas oportunidades, puede navegar con confianza por el panorama de las criptomonedas y desbloquear el potencial de crecimiento y éxito financiero.

Gracias por comprar y leer/escuchar nuestro libro. Si este libro le ha resultado útil, tómese unos minutos y deje una reseña en la plataforma donde compró nuestro libro. Sus comentarios son muy importantes para nosotros.

www.ingramcontent.com/pod-product-compliance
Lightning Source LLC
LaVergne TN
LVHW010922051026
849532LV00003B/812

* 9 7 9 8 8 6 9 0 7 1 4 2 2 *